从零开始学定投

理财老娘舅——著

中国发展出版社
CHINA DEVELOPMENT PRESS

图书在版编目（CIP）数据

从零开始学定投/理财老娘舅著．—北京：中国发展出版社，2019.8（2020.8重印）

ISBN 978-7-5177-1030-1

Ⅰ.①从…　Ⅱ.①理…　Ⅲ.①投资—基本知识　Ⅳ.①F830.59

中国版本图书馆CIP数据核字（2019）第135880号

书　　名：从零开始学定投
著作责任者：理财老娘舅
出版发行：中国发展出版社
联系地址：北京经济技术开发区荣华中路22号亦城财富中心1号楼8层（100176）
标准书号：ISBN 978-7-5177-1030-1
经　销　者：各地新华书店
印　刷　者：北京市密东印刷有限公司
开　　本：880mm×1230mm　1/32
印　　张：4.5
字　　数：100千字
版　　次：2019年9月第1版
印　　次：2020年8月第2次印刷
定　　价：32.00元

联系电话：（010）68990642　68990692
购书热线：（010）68990682　68990686
网络订购：http://zgfzcbs.tmall.com//
网购电话：（010）68990639　88333349
本社网址：http://www.develpress.com
电子邮件：fazhanreader@163.com

本书编委会

主　　编：施　俊

执行主编：高　飞

执　　笔：谭　悦

编委成员：张　旌　周添　柯丽军　顾玉琴

廖文雄

顾　　问：郭凤霞

写在丛书出版之际

定名“理财老娘舅”只是一个5分钟的偶然；但是出版这套“老娘舅说理财”丛书，却是一个持续了5年的必然。

理财老娘舅是一个团队，2014年末成立，也就是刚刚注册了“理财老娘舅”的微信公众号后不久。其时各路理财方兴未艾，各路投资机构纷繁复杂，一个没有任何经验的普通人掉进去，想依靠自己理清头绪走出来，几乎是不可能的事。但偏偏我们又赶上了一个家庭财富大爆发的时代，人人都有投资欲望，家家都有理财的需要。

老娘舅这个团队当时只有我和另外三位年轻同事。当时想得很简单：利用我20多年的财经媒体从业经验，以及我们在财富管理行业积累的知识，做一个面向普通读者的理财科普号。最好是嬉笑怒骂皆成文章，信手拈来都是案例；让普通人乐意看，对理财客都有用。

隔着5年的时光看去，这个初衷大概实现了八成。

嬉笑怒骂有，老娘舅不但调侃了很多事，对各路骗局也从未手软，痛斥与防骗齐飞，拆穿和解读同路。

信手拈来有，从各路社会热点，到身边的外甥女和外甥女的小伙伴，老娘舅从未放弃过一个现场教学的机会。

但是日积月累，自己感觉到的不足就越多。

原因之一是覆盖范围太广，基金、股票、网贷、房产、银行理财、虚拟货币……无不与钱有关，无不涉及投资理财。谈得泛，就很难说得深。

原因之二是体系化不足。自媒体创作的时代，碎片化写作迎合了碎片化阅读，却把本应纵深展开的知识体系拍扁了，让很多初入门的读者始终只能停留在门口，无法更进一层。

5 年下来，老娘舅在全平台的立足点越来越多，在后台提问的读者也越来越多，但所问的问题却始终是那几个：××基金是什么？××基金怎么样？告诉我××银行理财怎么样？

老娘舅由此感到了一种迫切感。

有了迫切感之后，我的第一反应是带着小伙伴们画了一棵摇钱树，是希望理清纷繁的理财体系。不过老娘舅把这张图印了几十张分发众人之后发现，劝退效果太强了。别说入门级的理财读者，就是离老娘舅核心团队稍微有点距离的同事，看到这个图后都纷纷表示太难了，“求你教点简单易懂的”。

老娘舅这才意识到，大家需要的是什么——

一个实用工具，最好是零基础拿起来就能用的；

一个可靠的、哪怕时移势易都能持续运行的产品种类；

一套由浅入深、清晰明了的理论。

是“一”，而不是“多”；

是“简”，而不是“繁”；

是“知一”，也可以是“知百”……

就是这套“老娘舅说理财”口袋书。

本套书每册一个主题，说定投，说指数，比任何一本专业书都简单，却比任何一篇公众号文章都深入。

它简单到每册书只有一个主题，又足够坚实到不会把任何重要的知识漏到网外。

这就是“理财老娘舅”问世以来，我们一直想做的事。

我是这套丛书的主编，而为之撰稿的则是老娘舅团队的资深成员，他们这些年来持续为老娘舅的公众号贡献选题和内容，在相应的领域积累了足够丰富的经验和案例。

我为他们感到深深的自豪！

与我们深有同感的，是一同战斗在大众投资理财第一线的公募基金，以及第三方投资平台。华夏基金总经理李一梅女士为我们这个系列丛书寄托了殷殷期盼，蚂蚁金服财富事业群常务副总裁祖国明也为我们写下了对广大投资者的深深祝福。在此我们致以最诚挚的感谢！

当然，这只是“老娘舅说理财”丛书的头两本，我们期待读者的反馈，为我们带来后续出书的参考。

让我们为了大家的理财事业，奋斗不息！

序　一

很荣幸收到老娘舅团队的邀请，为其新书写序。耕织于基金行业多年，华夏基金深知投资者教育工作的重要性，也一直在努力寻找如何以最简单、有趣、有效的方式向投资人传达最急需也最有用的投资信息。如今，这条求索道路上又多了一位同行的伙伴，我们甚感欣慰，也由此想将这份智慧推荐给大家。

基金行业发展20多年，市面上并不缺基金科普类书籍。这本书最大的不同是有不一样的视角，它并不是从基金的基础概念讲起，然后教科书式地向你呈现基金世界，而是从投资场景出发，从投资者可能遇到的痛点问题入手，然后小中见大，不仅给出解决建议，也将投资科普融汇其中。书里设定的投资场景，你我都会面临，书里提到的投资痛点，你我都难免会遭遇。曾经你可能苦于无处寻找答案，只能遗憾搁置，现在希望这本书里的解答能为你的财富之路点亮一盏灯。

世界在变，市场在变，投资需求在变，投资工具在变，知识也应日益更新。以前，当我们讨论投资时，我们更多讨论的是如何选择一只赚钱的股票，一只靠谱的基金。现在，我们讨论投资时，更多的是希望知道，如何通过投资攒出房子首付，如何为孩子存一笔未来的教育金，如何为退休的自己储备足够的养老金……我们的投资目标越来越明确，场景化投资需求越来越清晰，随着大家投资意识和素养的不断提升，个人资产配置时代正在来临，大家希望专业资产管理机构提供的不再是单一的产品，而是一整套具有个性化、场景化的解决方案。

投资者的这些需求我们很早就察觉到了，也一直在为此努力。变化是资本市场永恒的主题，变化伴随着机遇也暗藏风险，如何在变化中以更低的风险取得更高的胜率？定投是一种很好的方式，通过小额定期投入，平滑风险，聚沙成塔，静候时间的玫瑰。投资产品日益丰富，如何选择资产配置的低层产品，构建更加稳健有效的投资组合？指数基金是一个不错的选择，以更低成本、更透明的方式给出更分散风险、更高效的资产配置解决方案。当前国内指数基金正朝着“全球化”“多元化”的模式发展，我们相信“资产配置＋指数基金”的财富管理模式能够为投资人带来长期价值。

多年来，华夏基金始终坚持不变的是，在多变的市场中顺应投资需求变化而不停地调整自身变化，我们希望将那些在变化中积累的好的投资方法和投资理念传递给投资者，发挥专业优势为千家万户的美好生活贡献力量。我想，这也是老娘舅团队推出这套丛书的初衷之一。

最后，祝读者朋友们开卷有益，拥有丰盈的精神财富，用知识点亮美好人生！

李一梅

华夏基金总经理

2019年8月写于北京

序　二

一本带着温度的书递到我手上时，我抱着学习的态度读完，带着惶恐的思绪写序。何来惶恐？就如我一直主张的观点，“大众理财的时候到了”。普罗大众心中，有多少个哈姆雷特，就有多少种理财方式。怎样的一本书，才能完美解决投资者心中的投资困惑？所谓的完美一定不存在，能够为投资者带来一项实用的理财“工具”，就足矣。

从余额宝一路走来，我相信“信用等同于财富”，做到言出必行，方得信用。生活中，这点或许不难；而投资，是一种反人性的“行为艺术”，不仅不能言出必行，往往还会随波逐流。这个时候，纪律和坚持就显得尤为重要。

下面我要说的，或许你已经有了答案。是的，定投，它是“纪律和坚持”的容器。“老娘舅说理财”从书开章明义，直接就把“定投”这项实用的理财工具手册呈现给读者。

“小身材、大味道”，更为关键的是，它为大量长尾用户提供了参与投资理财的方式。据不完全统计，2016～2018 年这三年中，基尼系数呈现逐年增长的趋势，从这个方面些许可以反映出我国居民收入差距正在变大。增加居民的财产性收入才是改变这一现状的王道。

如何增加而不减少呢？重要的事情说三遍，巴老对投资的三条铁律就是“保住本金”。书中提到，定投中的一个优势是“平摊投资成本”。在市场低位的时候，采用定投的方式，可以在低位买入更多的基金份额，而市场上涨时，同样的钱买入的份额少，“低时多买，高时少买”，这样慢慢地定投的投资成本就会被摊薄。这也是保住本金的最佳选择。

“老娘舅说理财”丛书里除了定投外，还有大量翔实的内容来解读指数基金。我想这也是作者为了配合定投内容，锦上添花的做法，毕竟指数基金是定投理财的最佳搭档。在此我就不一一赘述了。

支付方式的改变，带来了理财行为的转变。

当你合上这本书，理财之路行将启程。拿起手机，找到你信赖的理财平台，展开一段属于自己的投资艺术，这是作者想要呈现给你的奥义；经历风雨，方能见彩虹，这是作者想要带给你的力量。

蚂蚁金服财富事业群副总裁　祖国明

2019 年 7 月 22 日

前言

投资大师巴菲特曾说过，“成功的投资需要时间和耐心”。而这两样，也正是基金定投的真谛所在。A股市场中，相对于3000多只股票而言，基金组合投资具有分散风险的特点，对于基金的投资方式而言，如果一次性投资是取巧，那么基金定投就是守拙。

无数案例已经证明基金定投的有效性。但想要更娴熟地掌握基金定投，学习必不可少。

首先，为什么基金定投适合大部分人？放到现在的社会人群中，你的角色是多变的，比如你是月光族、宝妈宝爸族、即将退休族、漂泊一族……而基金定投是每隔一段固定时间，对某一基金投入固定金额的投资方法，这些人群都有储蓄资金的目的，或者希望实现资金稳健增长的目的，定投可以较好的将其实现。

其次，开启一场基金定投，你要了解什么？浅层次的，你要知道大概需要多少资金、怎么开始投资、不同基金的优势和特点是什么等基本知识；深层次的，你也要知晓定投的赚钱原理、不同市场环境下的定投效果、定投日期的选择等。

如果你已经进行了一段时间的定投，定投的一些“坑”你也需要避一避，比如定投难坚持、学会止盈但不是止损……对于投资“小白”来说，这本书中的基金定投内容可以帮助你快速获取核心知识。

如果你属于高阶投资者，目标是止盈定投、均线定投、估值定投、价值平均策略等，灵活贯通，你定投的收益会更加理想，这也是定投守拙中的“取巧”方法。

无论你属于什么风格的投资者、处于何种投资需求，你都能从这本书中找寻到自己想要的答案。

当然了，如果你不清楚怎么操作，本书还有很多示例供你参考，图文结合，帮助你更好地参与实际基金定投中。

最后，没有一种方法是最好的，只有适合自己的才是最好的。

提示：本书配合老娘舅同系列工具书《玩转指数基金》一同“服用”，效果更佳。

祝读者朋友们都能找到最适合自己的方法，在事业和投资上获得双丰收！

老娘舅理财团队

2019 年 6 月

目录
Contents

上篇

中篇

下篇

上篇

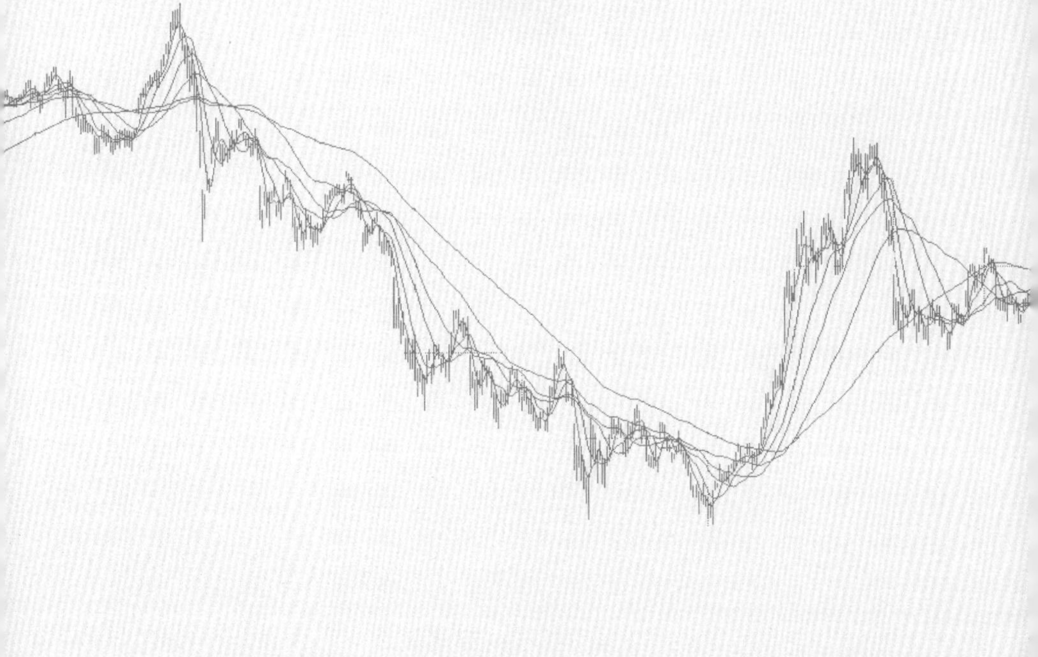

第一节

定投适合什么人群，你可以对号入座

选择任何一种投资方式，初衷可能是“因为我需要”，简单的理由，透露出你的投资风格。下面是定投的“自画像”，大家可以自行“对号入座”。

一 定投适宜人群

月光族：整天穷忙的你，是否还没有任何积蓄？

挣得少，花得多，月光是常态，账单堆成山！工作很多年，就是攒不下一分钱！急用钱时就透支，辛辛苦苦分期还！花钱大手大脚成习惯的你必须找个“纪律严明”的朋友帮你把钱攒！

基金定投来帮你：基金定投有着“强制储蓄工具”的美誉，一旦制定好基金定投计划，就会定期自动投资。最简单的办法，就是将每月薪水的10% ~20%用作基金定投，同时把扣款日设置为发薪次日。坚持下去，生活就会改变！

孩奴型：别人家的孩子去留学，你家孩子呢？

家长总羡慕别人家的孩子，却很少反省该如何培养自己家的孩子。且莫说留学是否必要，但让孩子接受更好的教育，充分培养孩子的天分和能力，相信所有家长都会认同。而事实是：这是个永远绕不开钱的问题。你该怎么办？

基金定投来帮你：大额教育金支出一般会发生在孩子 18 岁左右，如果你的孩子还小，那么恭喜你——这意味着你有足够的时间来实施一份基金定投计划，而时间是最强大的武器，它能够充分发挥复利的效果。

恐休症：物价涨这么快，退休了怎么办？一切都该早做打算！

退休，这是一个无论是家里的老人，还是即将迈入中老年的你，谁都无法逃避的问题。即使你现在还年轻，但总有一天该考虑自己的退休生活。物价飞涨，生活成本居高不下，谁来为你的生活品质负责？

基金定投来帮你：基金定投是积少成多的理财方式，一笔金额庞大的退休金是晚年生活的保障，也是现在需要考虑的难题。如果分摊在较长的时间去积累，就能够在不知不觉中缓解这个难题。

梦想家：难道租房租到老？谁不想有自己的小窝！

背井离乡已然无奈，而让你坚持下去的勇气，则是终有一天会扎根于这个城市，走向美好生活的信念。什么才是你立足于此的象征？相信很多人的回答是拥有一套房子，它可以比较小，可以比较远，但你依然还是希望拥有它。

基金定投来帮你：别以为只有暴富才能买房，攒够首付一样可以。选择一个力所能及的目标，然后坚持下去。你要清楚，这项投资是为了一次大额消费，就算不买房，买辆车也是极好的！

二 定投计划实施

第一步，找个基金定投的平台。早期开始基金定投的小伙伴都是从银行的推销员开始的。因为银行的工作人员会给客户推荐理财产品，基金定投自然是必不可少的。现在互联网投资平台也挺方便的，可以使用“支付宝”，在“财富”选项里点进定投专区，就可以设置你的基金定投计划了。

第二步，设定理财目标。定期定额投资一定要做得轻松、没负担。我身边有个例子，曾经有朋友为分散投资标的而决定每月扣款 50000 元，但一段时间后却必须把定期存款取出来继续投资，这样做不太划算。建议大家最好先分析一下自己每月收支状况，计算出固定能省下来的闲置资金，3000 元、5000 元都可以。

第三步，选择基金。一般来说，为了达到“低时多买，高时少买”的效果，选择净值波动大的基金效果不错，指数基金、股票基金都可以选择。

第四步，扣款周期。按照自己的投资习惯，按天、周、双周、月几个选项来选择。如果选择 1 月 5 日为定投扣款日，按月定投，下个月扣款日就是 2 月 5 日了。

第五步，分红方式。有两种可以选择，现金分红和红利再投资，现金分红就是分现金，红利再投资就是分基金份额。建议选择红利再投资，可以把红利再投资看作一种定投，不定期不定额的定投。在其他条件都相同的情况下，红利再投资会比现金分红累计更多的基金份额，而且红利再投资不需要额外收取费用，相当于帮你省了申购费。

第六步，给自己一点时间。长期投资是定期定额积累财富最重要的原则，这种方式最好要持续 3 年以上，才能得到好的效果，并且长期投资更能发挥定期定额的复利效果。

第七步，掌握解约时机。注意定投说明里的选项，因为开始定期定额投资后，若临时必须解约赎回，看看有什么条件，而自己对后市情况不是很确定，也不必完全解约，可赎回部分份额取得资金。若市场趋势改变，可转换到另一轮上升趋势的市场中，继续进行定期定额投资。

第二节

凭什么说服自己来定投

说起定投，总有很多想说的，本书将从头开始，从定投基础知识讲起，具体谈到定投的操作方法，还涉及朋友们在定投中遇到的困惑。不管你是刚接触定投的“小白”，还是“老司机”，总有一款戳中你的“心事”，OK，开始咯！

一　基础篇，什么是基金定投

基金定投的大名是基金定期定额投资计划，是说每隔一段固定时间，对某一基金投入固定金额的投资方法。比如说，老娘舅决定每月 1 日以固定金额 1000 元投资基金 A，推算下，从 2019 年开始定投，我的投资基金 A 扣款时间就是 1 月 1 日、2 月 1 日、3 月 1 日……到 6 月 1 日，已经扣款 6 次，共计 6000 元。

我们先明确定投的三个重点：

定期投资：投资的时间是固定的，但是投资间隔时长你可以自己选，每周或每月。

分次投资：投资基金 A 不是一股脑一次性全投进去，而是在连续的时间内一次一次地投。

定额投资：每次投入的金额是固定的。

二 说服自己定投的理由

如果想开始做定投，有什么理由可以说服自己呢？

首先，定投可以产生复利效应。老娘舅刚在定投的三个重点里提到，定投是分批投入，就以普通的上班族来说，你每月会有一定的闲置资金，那你就可以拿这笔闲钱来定投。老娘舅以一个直观的数据来说明，复利效应产生的奇幻效果。

以投资上证综指为例，每月定投 1000 元，以 2017 年的一季度末（2017 年 3 月 31 日）为定投结束时间，看看定投的复利效果。

定投时间	定投开始时间	定投结束时间	累计投入金额（元）	定投收益（元）
定投 1 年	2016－01－01	2017－03－31	15000	970.83
定投 5 年	2012－01－01	2017－03－31	75000	19151.32
定投 10 年	2007－01－01	2017－03－31	123000	23576.52

资料来源：u8 定投计算器。

这就是定投“滚雪球”般的效果，如果我们从 10 年前开始定投，到现在已经不知不觉积累了一笔小巨款，想想就很开心。

其次，定投可以降低投资成本。在定投的实践中，当基金净值下跌时，虽然已持有部分资金“缩水”，但由于新增投资的成本也下降了，所以你的总投资成本也在下降。下面以直观的数据解释这个问题。

时期	单位净值（元）	当期投资份额（份）	持有份额（份）	累积投入资金（元）	平均成本（元）	累积收益（元）	累积收益率（%）
1	1.000	1000.00	1000.00	1000	1.000	0.00	0.00
2	0.960	1041.67	2041.67	2000	0.980	-40.00	-2.00
3	0.930	1075.27	3116.94	3000	0.962	-101.25	-3.37
4	0.850	1176.47	4293.41	4000	0.932	-350.60	-8.77
5	0.700	1428.57	5721.98	5000	0.874	-994.62	-19.89
6	0.820	1219.51	6941.49	6000	0.864	-307.98	-5.13
7	0.850	1176.47	8117.96	7000	0.862	-99.73	-1.42
8	0.910	1098.90	9216.86	8000	0.868	387.34	4.84
9	0.950	1052.63	10269.49	9000	0.876	756.02	8.40
10	1.000	1000.00	11269.49	10000	0.887	1269.49	12.69

资料来源：华泰证券。

在这个例子中，该基金单位净值在1元的时候，持有份额是1000份，当基金净值跌到0.7元时，基金持有的份额是不断上升的，当基金单位净值从0.7元上升到1元时，基金持有份额在不断减少。这也就是所谓的“高时少买，低时多买”，多期下来，能够起到降低单位基金份额购买成本的目的。

最后，适应任何市场——有效地避免择时。

1. 牛市

选取两个时间段（以下都以定投上证综指为例）：2007年3月1日（最高点2878）至2007年10月17日（最高点6089），期间一次性投资上证综指收益率为109.52%。

定投金额	累计定投金额（元）	定投总收益（元）	定投收益率
1000 元/月	8000	4057.56	50.72%

资料来源：u8 定投计算器、Wind。下同。

2014 年 3 月 21 日（最高点 2052）至 2015 年 6 月 12 日（最高点 5178），期间一次性投资上证综指 159.6%。

定投金额	累计定投金额（元）	定投总收益（元）	定投收益率
1000 元/月	15000	19949.49	100.34%

2. 震荡市

2001 年 5 月 8 日（最高点 2138）至 2004 年 4 月 1 日（最高点 2120），期间一次性投资上证综指收益率为 -17.04%。

定投金额	累计定投金额（元）	定投总收益（元）	定投收益率
1000 元/月	24000	3478.79	9.94%

2016 年 1 月 4 日（最高点 3539）至 2016 年 12 月 30 日（最高点 3109），期间一次性投资上证综指收益率为 -12.31%。

定投金额	累计定投金额（元）	定投总收益（元）	定投收益率
1000 元/月	12000	447.74	3.73%

3. 熊市

2007 年 10 月 16 日（最高点 6124）至 2008 年 10 月 28 日（最高点 1665），期间一次性投资上证综指收益率为 -70.62%。

定投金额	累计定投金额（元）	定投总收益（元）	定投收益率
1000 元/月	13000	-5944.22	-45.72%

2015 年 6 月 12 日（最高点 6089）至 2016 年 1 月 6 日（最高

点2133），期间一次性投资上证综指收益率为-34.36%。

定投金额	累计定投金额（元）	定投总收益（元）	定投收益率
1000元/月	7000	-655.36	-9.36%

从以上数据可以看出，牛市中一次性投资收益比定投好，震荡市和熊市定投收益比一次性投资好。一般来说，A股牛短熊长，选择定投能够较好地适应市场。如果朋友们觉得择时好比“空中接飞刀”，那就找定投吧，较大概率省心、省力。

另外，熊市中停止定投扣款是极其错误的。作为一名理智的定投者，面对熊市的定投资产缩水，唯一正确的做法就是不去理会暂时的资产缩水，持续扣款定投，甚至加大定投金额。因为在熊市中基金净值下跌时，所购买到的基金份额就会比较多；基金净值上涨时，购买到的份额就会比较少，长期下来，就会获得一个比较低的平均成本，有助于降低投资风险。基金定投讲的就是规划和纪律，能否在弱市中坚持定投，默默累积相对低成本的基金份额，充分发挥其平均成本、分散风险的长处，是真正理性的长期投资者和有长期理财规划需求的人必须经受的考验。

以上就是说服自己定投的理由，如果你偶尔有点闲钱，想享受复利，捞点“便宜”，还想避免择时问题，那就不妨从现在开始尝试定投。

第三节

市场下跌时，总觉得有 TA 暖暖的很贴心

2018 年，A 股持续下挫，先后跌破 3000 点、2900 点、2800 点等多个整数关口，是不是吓坏诸位投资伙伴呢？

不过下跌也是伴随着反弹的，最近几个交易日 A 股大幅反弹走势，一扫此前连续多日下跌的阴霾，并形成了一个明显的 V 形 K 线组合。

面对反复无常的市场，小伙伴们内心的独白是：

市场持续下跌，我的基金亏损越来越严重，该果断赎回了吧？

一夜回到“解放前”，跌得透心凉，哭唧唧！

也有小伙伴给自己洗脑表示：与大多数股民相比，基民还是险胜了吧……

将心比心，老娘舅深知大家内心的独白，毕竟大部分投资者都具有趋利避害的天性，市场回调，资产不可避免会缩水，简直是考验心态、考验信念的时刻啊！

市场波谲云诡，基民作为市场的“买方”，与其判断市场何

时涨——买进，何时跌——卖出，还不如选择省心省力、更为踏实的投资方式——定投！

巴菲特曾说："如果你打算终身吃汉堡包却又不养牛，那么你希望牛肉价格更高还是更低呢？如果你要经常买车而又不生产车，那么你宁愿车价更高还是更低呢？"

但是如果你是定投的"买方"，在震荡市，定投却可以以更低的价格买入更多的份额，平摊整个投资成本，一旦市场上涨，又可以获得基金定投上涨的收益。

市场难免有"心塞"的时刻，那些年的定投怎么样了？从过去15年模拟定投上证综指的数据看，假设都在市场波动的时候定投：定投金额：1000元/月；定投周期：月定投；定投标的：上证综指；分红方式：红利再投资，则累计收益如以下图表。

定投开始日	定投转正日	历时时长	期间定投最高收益率
2003－07	2004－04	9个月	16.67%
2004－07	2008－01	3年多	225.22%
2008－11	2009－09	10个月	93.11%
2012－12	至今	5年多	132.68%

资料来源：u8定投计算器，2003年7月1日至2018年11月30日。

从上面数据来看，在下跌行情中，少则需要9个月定投才能赚到钱，多则2~5年，只要坚持，定投会获得非常可观的收益。

老娘舅懂得，面对市场下跌，人人都有担心恐惧，甚至想要放弃投资。但是，如果多一些耐心，少些急躁，坚定不移地选择基金定投，终有收获的那一天。克服自己人性的弱点，才知道时

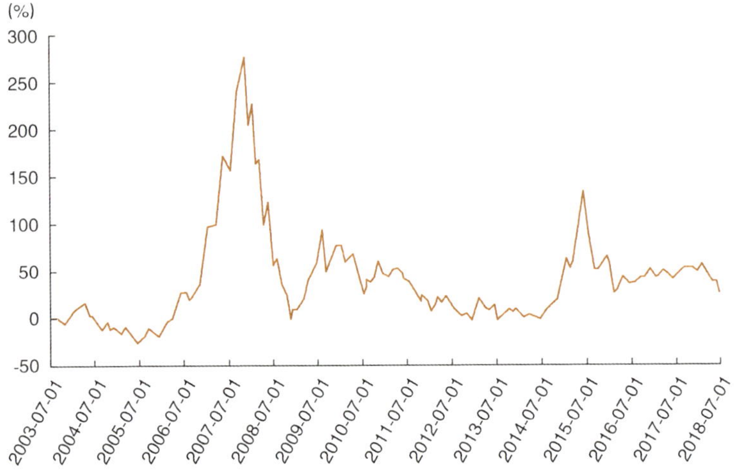

定投累计收益

资料来源：u8 定投计算器。

间并没有辜负定投的美。

定投收益率计算公式：

M = a（1 + x）［ - 1 +（1 + x）^n］/x

M 为预期收益；

a 为每期定投金额；

x 为收益率；

n 为定投期数（公式中为 n 次方）。

第四节

世事无完美，定投难在哪里呢

推崇基金定投的，无非是看中基金定投的小优势。老娘舅帮你们先列出来，看看大家有没有躺着“中枪”的。

- 定额定期投资，省时省力；
- 投资门槛低，分摊成本，降低投资风险；
- 定投适合较广的投资群体，没有时间盯盘却想强制储蓄的工薪一族，有闲置资金希望获得稳健收益的投资者，想要储备教育资金、储备养老资金的家庭，初入学校的想要挣点生活费的大学生。

世事无完美，定投这么好，就真的没什么难点了吗？

当然有的，老娘舅帮你捋一捋。

一 后期定投平摊成本效果差

定投的一个优势是平摊投资成本，相信大家也正是看中了这一优势，才选择了基金定投。在市场低位的时候，采用定投的方式，可以买入更多的基金份额，而市场上涨时，同样的钱买入的份额少，“低时多买，高时少买”，这样慢慢的定投的投资成本就会被摊薄。

为什么投资成本能够伴随定投快速下降呢？首先你之前是零仓位。比如说你每个月投资2000元，那么第二个月的2000元相当于总投资的50%，第三个月的相当于总投资的30%，依次递减。在最初，每一笔定投相对总投资占比还是比较大，而且遇到市场下行的时候，的确可以比较好地摊薄投资成本。但是，如果我们定投好多年了，比如10年每月2000元做下来，那么接下来的2000元，不过是总投资的1/121而已了，即使点位很低，定投去平摊投资成本的效果也就很一般了。定投时间久一点，定投投资成本越平缓，对总投资的平均成本影响就比较小了。

另外值得注意的是，如果定投碰到单边上涨的市场，随着定投期数的增加，定投能够平摊成本的效果也是很一般的。同样的，也是前文提到的，“低时多买，高时少买”长期才能实现定投平均成本的效果。

二 不可控制的因素：通货膨胀

定投有个不可控制的因素，就是通货膨胀。举个通俗的例子，如果我们2007年开始每月拿出1000元去定投某只指数基金，到2018年，10多年的时间，其间因为指数上涨、通货膨胀的原因，现在的1000元还是当初（2007年）的1000元吗？其实你10多年后能买到的基金份额只有现在的一小部分而已。每月固定金额不变，按现在的通货膨胀水平，你能买到的基金份额不多了。

用一句话来总结：随着定投时间的推移，相同金额买到的基金份额其实是在减少的，也就是说你定投的购买力是在慢慢下降的。

更具体点说，定投的钱是固定的，可是随着时间的推长，物价在涨，指数基金的盈利也在涨，定投的购买力可能就会跟不上这些上涨的速度。

三 资金使用效率有欠缺

如果我们是普通工薪阶层或刚上大学的学生，每个月都有一定的工资或者生活费，按照定投的方式，每个月固定的资金（除去基本开销剩余的工资或者生活费），固定地投到某只基金中，可以说这种方式是比较适合工薪阶层和大学生的投资理财方式了。

但是，如果我们手上有一大笔闲钱，为了尝试一种稳健的投资方式，去定投，需要做的是把这部分钱分为好几份，每个月每个月地去定投，投出闲钱的一部分。那么每个月剩余的钱又该怎么办呢？只能去尝试其他的投资方式了。在某一方面来说，定投的资金使用效率是有欠缺的。

四 难在坚持

定投贵在坚持，起码 3 ~ 5 年，可是其间事情变数太多，比如市场行情极度不好，家庭需要急用钱等，这时候定投该怎么做？可能大部分人就不想坚持了，因为时间太长了，考验人性和耐心。我们去做基金定投，坚持几年，每个固定的周期去投入某只基金中，是需要稳定的现金流的，中间断了几次，都会影响到后面的定投效果，这可能也不是我们长期坚持定投的初衷吧。

说到稳定的现金流，要多说一句：并不是当前用不到的钱就是闲钱，考虑到定投几年的规划，资金也是需要长期规划的。

五 不小心挑到差的基金

“男怕入错行”，定投也怕买错基金，万一不小心挑到一只风格偏移、投资业绩比较差的基金，将对你长久的定投计划是有很大影响的。而挑到一只好基金，不管是做定投，还是一次性投资，在整个投资计划中都是事半功倍的。

那么怎么挑选呢？一看长、中、短期业绩表现，都处于同类基金前列的属于比较优秀的基金了；二看投资风格、投资策略，是不是存在风格偏移的情况，比如是某某主题基金，却重仓的不是这个主题的股票；三看基金经理和基金管理人，基金经理过往的投资经历，旗下管理的其他基金表现怎么样，基金管理人的投研实力等。这些都需要综合起来考量。

世事无完美，虽然定投有些小“难点”，但是对于绝大多数不会择时、资金有限、想避免追涨杀跌的投资者来说，定投还是比较合适的一种投资方式，毕竟投资门槛比较低，操作起来也比较简单。

中篇

第一节

开启一场定投之旅，我的“利器”怎么挑

俗话说，“工欲善其事，必先利其器”。那么，如果说服自己基金定投了，我这“利器”该怎么挑呢？老娘舅也就不啰唆了，直接亮出“老司机”版挑定投基金的标准。

一 净值波动大的基金

老娘舅前面说过，定投可持续性的资金投入，分批投资，能够降低投资成本，也就是基金净值下跌时，买到的基金份额越多，平均成本下降得更快。换句话说，基金净值波动大（起始净值到结束净值是一样的），表明可以逢低多买，逢高少买，可以更多地捡到便宜的筹码。以下图基金 A 和基金 B 为例说明。

假设基金 A 上图时间基金价格是 1 元、1.05 元、1.15 元、0.8 元、1.1 元，老娘舅从 1 月 1 日开始定投，每月 500 元，5 月 1 日赎回。1 ~4 月分别买到的份额是 500 份、476.19 份、434.78 份、625 份（金额/单价 = 份额），共计 2035.97 份，总投入金额 2000 元。5 月 1 日以 1.1 元赎回时：

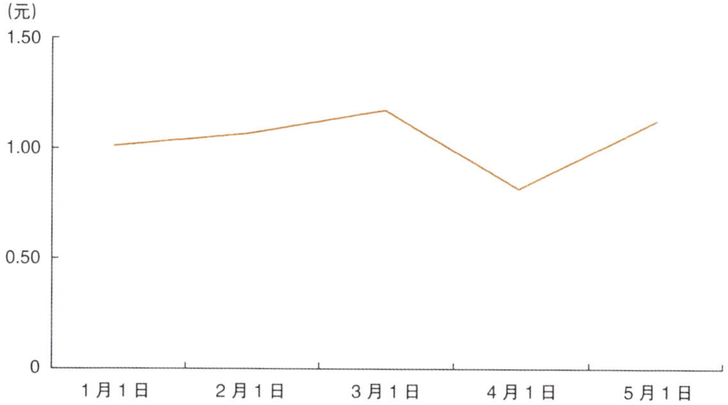

基金 A 价格

定投总收益：1.1 元 ×2035.97 份 =2239.57 元

定投总收益率：$\frac{2339.57-2000}{2000}=11.98\%$

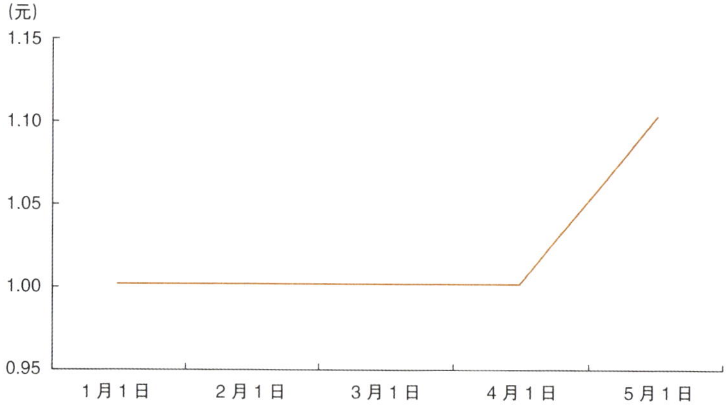

基金 B 价格

基金 B 上图时间基金价格为 1 元、1 元、1 元、1 元、1.1 元，同样的方法，累计份额 2000 份，5 月 1 日以 1.1 元赎回时：

定投总收益：1.1 元 ×2000 =2200 元

定投收益率：$\frac{2200-2000}{2000}=10\%$

这两个例子说明，在起始净值和最终净值一定的情况下，定投的收益率会因投资成本的不同而不同，净值波动率也会对定投收益率产生一定影响。简单来说，净值波动较大的基金更加适宜定投。

二 品质高的基金

买基金我们都求一个“稳”字，而且定投有神奇的复利效应，享受复利，也绝不是定投半年、一年就能看出效果的。定投的基金，首先选长期业绩回报高的基金。

说完标准，我们可以按筛选法来选择基金了。

根据定投标准第一条，首先可以按 Delete 键的就是货币基金和债券基金。为什么？货币基金和债权基金的净值波动小，想要实现定投摊薄成本，捡便宜的机会太小了。如果有朋友想定投也可以，那就是实现零存整取的效果。

接着我们可以 get 指数基金或股票基金。通常情况下，这两类基金股票仓位比较高，如果是在熊市，它们的跌幅深，净值降得快；牛市时，高仓位的优势，净值涨得猛，平均下来，就是定投所表明的“低时多买，高时少买”，降低投资成本。

首先，我们看看指数基金。这类基金被动跟踪指数，对市场反应直接，比较省心省力，但是在这里我们先要删除指数 ETF 基金和行业指数基金。

老娘舅咨询了几家大型基金公司的客服，旗下的 ETF 基金不支持定投！原因是，ETF 基金申购赎回必须以“一篮子”股票换取基金份额或者以基金份额换回“一篮子”股票，场外申购门槛高，对普通投资者来说，参与门槛、专业性要求高。如果要定投，可以考虑 ETF 联接基金，主要投资标的是 ETF，门槛比较低。

删除行业指数基金，因为我们不是“神算子”，未来 5 年、10 年哪个主题、哪个行业大热，并不知晓，普通投资者太难把握 A 股的行业轮动和风格切换。

剩下的大部分是宽基指数基金（包括被动型和增强型），它们被动跟踪覆盖股票广泛，是很有代表性的指数基金，具体包括跟踪中证 500、沪深 300、深证 100、中小板指等指数基金。增强型指数基金，与一般被动型基金不同的是，它们采用了增强策略，目前较多的增强指数基金大部分都是采用量化策略来增强收益。

其次，我们再看一些主动型偏股基金，特别是长期收益靠前的基金，朋友们可以先锁定几个目标基金，然后跟进每个市场阶段。这些基金表现情况、弹性比较好，业绩领先的可以着手定投了。

那么，对于第一次定投的朋友，老娘舅还是建议你采用指数基金定投的方式。有以下三个原因。

第一，指数型基金被动模拟指数，不需要基金经理额外分析，管理费用比较低。

第二，主动型管理的基金受基金经理个人因素影响太大，而基金经理又是个流动性很大的职业。每次更换基金经理，就算投资水平没下降，总要根据新经理的喜好调仓换股，增加不必要的损失。而指数选择成分股的标准一旦设置好了，很少会变。

第三，某只股票或者某个行业，都有可能长期衰退下去，但是指数不会。指数会根据市场变化，调出交易冷清、被市场抛弃的股票，调入交易活跃、有代表性的“新鲜血液”，一直保持这样的“新陈代谢”。

第二节

定投的周期——选择周投还是月投

我们知道定投具备“逢低多买、逢高少买”的功能，可抹平基金净值的高峰和低谷，起到消除市场波动性的作用。那么，是不是选择定投周期更短的周投，甚至日投，最终获得的定投收益率更高呢?

以代表中小盘股的中证 500 指数、蓝筹股的中证 100 指数为例，基于长短期业绩的考虑，我们选择富国中证 500、中银中证 100 两只基金。

周投：每月定投 400 元，一个月共 4 次，共计 1600 元

月投：每月定投一次，每次 1600 元。

富国中证 500	1 年	3 年	5 年
定投开始时间	2016 年 9 月	2014 年 9 月	2012 年 9 月
定投结束时间		2017 年 9 月	
周定投收益率（%）	9.9	20.26	60.5
月定投收益率（%）	8.84	20.1	62.1
周定投月定投收益差（%）	1.06	0.16	-1.6
中银中证 100	**1 年**	**3 年**	**5 年**
定投开始时间	2016 年 9 月	2014 年 9 月	2012 年 9 月

续表

中银中证 100	1 年	3 年	5 年
定投结束时间		2017 年 9 月	
周定投收益率（%）	15.07	26.16	48.97
月定投收益率（%）	15.11	26.8	49.46
周定投月定投收益差（%）	-0.04	-0.64	-0.49

资料来源：东方财富网。

通过上面的数据来看，无论是周定投或是月定投，最终的收益率差别不大，投资的周期推长，不同定投频率下的投资总回报比较接近。所以我们也不用过于纠结到底是月投还是周投。当然了，现在基本上我们是以月为单位发放工资的，为了方便资金安排，提高资金使用效率，直接月定投，是不错的选择。

如果不用纠结选择周定投还是月定投，那么选择哪天定投扣款有没有讲究呢?

定投是市场下跌时，买入的基金份额越多，捞便宜的机会也多，统计过去 5 年上证综指的涨跌幅，看看一个月 1 日至 30 日（31 日）哪天上证综指下跌的幅度最大。

通过下面数据，我们可以看出，相比下来，上证综指月末的跌幅要大于月初的跌幅，每月 1 ~ 7 日上证综指的跌幅在37% ~ 47%，而月末 25 ~ 31 日上证综指的跌幅在 48% ~55%。老娘舅猜测，出现这种情况的原因是，月末或季末，甚至年末，资金面比较紧张。另外，国家法定节假日一般都在月初 1 ~ 3 日，节前有资金撤出，加剧资金流动性紧张的局面，可能会引发市场的短期波动。

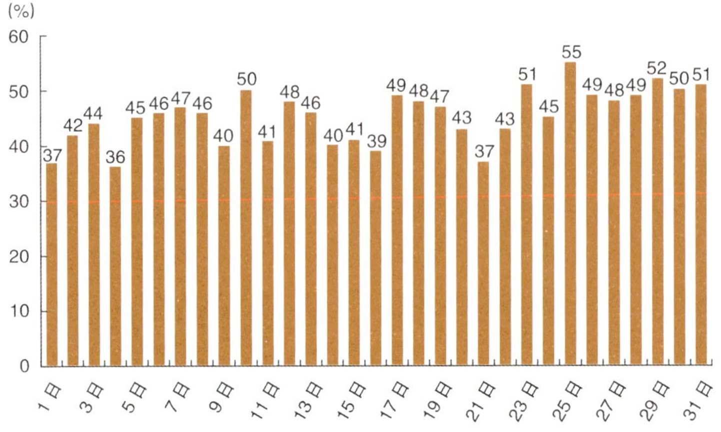

月初至月末上证综指涨跌情况

资料来源：Wind，2012 年 9 月 30 日至 2017 年 9 月 29 日。

对比月初和月末，选择月末定投扣款更划算，但是要避免节假日的前一天，比如元旦，否则定投确认份额可能到下一年的年初了。

定投的频率选择，月定投、周定投最终的效果差别不大。此外，就是选择哪一天定投。1～31 日上证综指下跌的幅度在 37%～55%，选择月末进行定投扣款，也是为基民提供一个定投“捞便宜”的机会。如果嫌麻烦，按照你每月发工资日的 1～3 天进行扣款也是可以的，用定投达到强制存储的效果，积少成多。随着时间的推移，积攒自己的“小金库”。

月定投、周定投，最终归结的是“买”的问题。其实，买，任何时候都可以，既然是长期投资，定投有“微笑原理”，买的时机似乎也没那么重要了。如果非要说个时间段，就是股票市场在底部震荡的阶段，比如现在就是很好的进入时机。延伸一下，常言道“会买的是徒弟，会卖的是师傅”，不过做基金定投也没必要每天去关注或者预判市场行情怎么走，但是金融市场有个非理性效应“羊群效益”，大家可以很好地应用到基金的卖点。当股票市场极度高涨时，也就是你身边的亲戚朋友在没有任何投资经验的情况下贸然进入股市时候，你就可以选择退出基金了，这时你的基金肯定是赚钱的，然后从头开始定投。

第三节

定投中关于时间的“小秘密”

在定投中，我们常常疑惑：定投什么时候退出？该坚持多长时间？……定投中关于时间的“小秘密”，我们有点模糊不清楚。下面我们说说定投中时间的问题。

一 坚持定投，但有时候也要学会退出

炒股讲究择时，定投有择时的说法吗？有的，坚持定投有时候要讲究“时机”。

定投并不意味着可以完全放弃时机的选择。那么，时机如何选择？这是非常难的命题，人性的贪婪与恐惧往往会导致追高买，低位卖。对于定投来说，定位中长线投资，不妨学一学价值投资的方法，在市场低估时进入，在市场高估时退出。由于定期投资的方式使得我们买入基金的成本被平均化，因此中线定投和长线定投进入和退出时机的影响有一定差异。

中期投资：投资时间在一个市场周期左右或更短的时间。

具体来讲，定投的进入、退出的时点都比较重要。观察下

图，从三条曲线代表的定投平均成本来看，中期定投的平均成本随着进入时机的不同而差异相对较大，震荡筑底时进入的平均成本最小，上涨时进入的平均成本最高，下跌时进入的平均成本较小。

因此，震荡筑底时正是开始定投的最佳时机。中期定投的平均成本随退出时机的不同也有变化。从折线表示的回报来看，回报对退出时机比较敏感。再结合成本来看，中期定投的收益率对进入时机和退出时机都具有一定的敏感性。

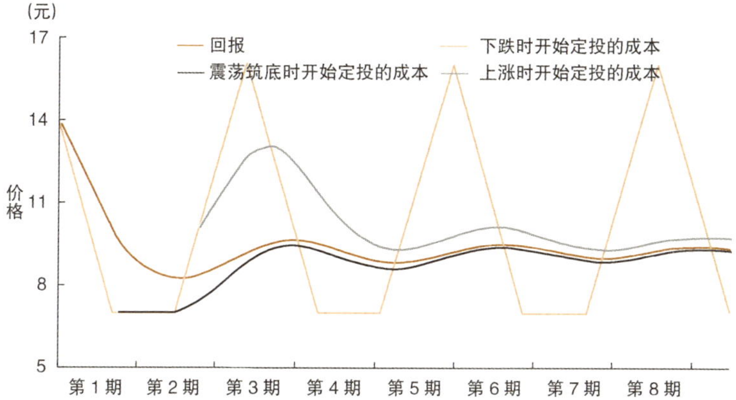

不同时期定投的平均成本比较

资料来源：海通证券。

对于长线定投来说，进入时机相对不重要，较重要的是退出时机。投资时间大于一个市场周期甚至更长的，我们称之为长期投资。观察上图，在定投时间超过一个市场周期之后，定投成本趋于一个较为稳定的水平，与进入时机关系较小。但由于回报对退出时机仍然非常敏感，因此长期定投的收益率仍然对退出时机敏感，但对进入时机不再敏感。简单说，长线定投对赎回时间更敏感。

二 坚持定投：因为长期定投盈利高

目前普通基金投资者在定投上往往难以长时间坚持下去，尤其是市场持续下跌时，断供现象非常普遍。定投能够获利是建立在股市虽然短期存在周期波动，但长期趋势向上的基础上的，在一个市场周期以内就放弃定投往往不能达到很好的效果。

以深证成指为例，假定投资者每月定投一次深证成指指数基金。我们计算了从 2000 年 1 月到 2012 年 6 月任意定投 1 年、3 年、5 年和 7 年的年化收益（按月滚动计算）。由于定投资金是分批投入而非期初一次性投入，我们分别计算了简单收益率和内部收益率，如下表所示。其中，简单收益率的计算将所有投入资金进行直接加总与期末资金量进行比较，即不考虑时间因素，假设所有资金一次性投入。相比之下，内部收益率更能够代表定投的实际收益率，即考虑时间因素，根据投入和赎回的现金流计算出的内部投资收益率（IRR）。

从年化收益率的均值来看，无论定投 1 年、3 年、5 年还是 7 年，不考虑资金投入时间价值的简单收益率均值在 9% ~13% 之间，而考虑了资金投入时间价值的内部收益均值高达 17% ~ 25%，定投深证成指基金的收益明显高于银行存款的零存整取收益。

从年化收益率的最高值来看，在某一特定期间，基金定投的

定投时间	年化简单收益率			
	年收益均值	年收益最高值	年收益最低值	盈利概率
定投任意 1 年	10. 01%	153. 31%	-51. 36%	50. 36%
定投任意 3 年	9. 20%	67. 94%	-10. 70%	63. 48%
定投任意 5 年	10. 53%	39. 17%	-4. 81%	75. 82%
定投任意 7 年	12. 94%	26. 58%	3. 73%	100. 00%
定投时间	年化内部收益率			
	年收益均值	年收益最高值	年收益最低值	盈利概率
定投任意 1 年	24. 57%	365. 78%	-77. 66%	50. 36%
定投任意 3 年	17. 92%	132. 59%	-20. 81%	63. 48%
定投任意 5 年	19. 61%	71. 26%	-9. 62%	75. 82%
定投任意 7 年	23. 74%	46. 97%	7. 21%	100. 00

资料来源：海通证券。

收益可以达到更高水平。以年化简单收益率为例，定投 1 年的最好年收益可以高达 153. 31%，定投 3 年的最好年收益可以高达 67. 94%，定投 5 年的最好年收益高达 39. 17%，定投 7 年的最好年收益率高达 26. 58%。

但从收益率的最低值来看，任意定投 1 年、3 年还是 5 年都可能出现亏损，但亏损幅度和概率都随着定投时间的延长而降低，任意定投 7 年则没有出现亏损现象。以年化简单收益率为例，定投 1 年最差的情况年亏损高达 51. 36%，盈利的概率也只有 50. 36%；定投 3 年最差的情况年亏损只有 10. 70%，但是盈利概率升至 63. 48%；定投 5 年最差的情况仅年亏损 4. 81%，盈利的概率却高达 75. 82%；定投 7 年最差的情况年盈利 3. 73%，盈利的概率高达 100%。

以上数据，一方面说明长期来看定投基金可以获得超越银行存款的收益，另一方面也说明定投基金时间越长风险越小，盈利概率越大。如果仅仅因为短期定投收益不佳就放弃定投是不合适的。建议投资者定投最短时间应达到3~5年。

关于定投中“时间”的问题理解清楚了吗？坚持定投，也要学会退出，达到自己盈利的目标，及时止盈。另外，定投贵在坚持，虽然市场变化莫测，但是只要我们坚持定投，定投的收益大概率不会让我们失望的。

第四节

定投的收益率怎么算

下面老娘舅跟大家聊聊定投收益率怎么算的问题。首先，我们一起看个信用卡分期的例子。

第一种假设，买某商品刷了信用卡 1 万元，并分期付款，需要 1 年（12 个月）还清，每期的利率是 0.8%，则：

每月还款金额：10000/12 + 10000 × 0.8% ≈ 913（元）

年利率：0.8% × 12 = 9.6%

一年共计还款：913 × 12 = 10956（元）

第二种假设，理想状态下一次性连本带息付清 10956 元，年利率是 0.8% × 12 = 9.6%。

两者有区别吗？如果 1 万元分 12 个月去还款，每月不算利率就是还 10000/12 ≈ 833 元，即第一个月还 833 元，第二个月还 833 元，第三个月还 833 元，以此类推，到第 12 个月还 833 元。但 1 万元你并没用到 12 个月，只有第 12 个月还了 833 元才真正用满 1 年。我们要考虑到时间是有货币价值的，如果将每月还的钱放入基金或者其他理财产品，还能多多少少赚一点，比如把第一个月还款的 833 元买基金赚 11 个月的收益。分期付款和一次性还款的利率有可能是不一样的。

那么，既然货币有时间价值，要算分批付款真正的利率，我们要用到一个投资中常用的 IRR 公式。

IRR 表示的是内部收益率，指的是一个投资会产生的一系列现金流，这个函数考虑到了每期现金流的量和时间，所谓的货币时间成本，IRR 表现的是通过一系列现金流量，反推一个实际收益率。

Excel 中就可以用到这个公式，老娘舅截图出来给大家看看。

	A	B
1	投入时间	投入金额（元）
2	刷卡金额	10000
3	第一个月投入	-913
4	第二个月投入	-913
5	第三个月投入	-913
6	第四个月投入	-913
7	第五个月投入	-913
8	第六个月投入	-913
9	第七个月投入	-913
10	第八个月投入	-913
11	第九个月投入	-913
12	第十个月投入	-913
13	第十一月投入	-913
14	第十二个月投入	-913
15	每月利率（IRR）	1.43%
16	年利率	18.58%

说明：①每月还款金额：10000/12 + 10000 × 0.8% ≈ 913；②IRR（刷卡金额，第十二个月还款）→ = IRR（B2：B14）；③年利率：（IRR + 1）^12 - 1 = 18.58%，那么这个 18.58% 其实是你实际刷卡 1 万元后的年利率了，比所谓的 9.6% 要多很多。

这个公式也可套用到计算定投实际收益率中。

如定投某产品 A，每月投入 1000 元，定投一年后赚了 1000 元，总投入 12000 元，本金加上收益就是 13000 元，定投收益率是（13000－12000）/12000≈8.33%。

	A	B
1	投入时间	投入金额（元）
2	第一个月投入	－1000
3	第二个月投入	－1000
4	第三个月投入	－1000
5	第四个月投入	－1000
6	第五个月投入	－1000
7	第六个月投入	－1000
8	第七个月投入	－1000
9	第八个月投入	－1000
10	第九个月投入	－1000
11	第十个月投入	－1000
12	第十一月投入	－1000
13	第十二个月投入	－1000
14	总收益	13000
15	每月利率（IRR）	1.23%
16	定投实际收益率	15.80%

这期定投，老娘舅用了一堆计算题，是为了说明，定投的收益率有时候比你想象的要多，如果按一次性投资收益率的计算方法，实际上有点低估定投实际收益率的。因为对两者，你投入的资金、所用的时间是有很大差别的。就像老娘舅以往定投文章中说的，做基金定投大概率比一次性投资节约了投资成本，毕竟定投是有“高时少投，低时多投”的功效。虽然在牛市时一次性投

资要优于定投，但是在震荡市或者熊市，定投的收益率更胜一筹，可别小看了定投的收益率。

换个思路想想，如果定投盈利了，靠定投省下的时间、机会成本也很有价值，用相同的资金，你比一次性投资花更少的时间获得了相同的金钱。

如果定投亏损了，靠定投省下的时间、机会成本也很有价值，虽然有可能是负收益，但相同的资金，你比一次性投资花更少的时间却亏了相同的钱。其实想想还是赚了的。

最后，现在网上有很多定投计算器，算出的定投收益率也多是用内部收益率这个计算方法，如果朋友们不想用 Excel 表格一个个地输入计算，可直接利用网上定投计算器测算出历史定投收益率。比如天天基金网上的基金定投计算器，输入某只基金，每月/周定投的金额，定投的方式，选定定投的区间，系统也可以给你一个定投的收益率，比较简单快速。

第五节

定投是怎样平均成本的呢

在基金定投中，大家有没有想过一个问题：定投是怎样平均成本的呢?

这需要重点关注定投对平均成本的影响。以沪深 300 指数为例，分阶段讲述。

一 2006 年牛市起点开始定投

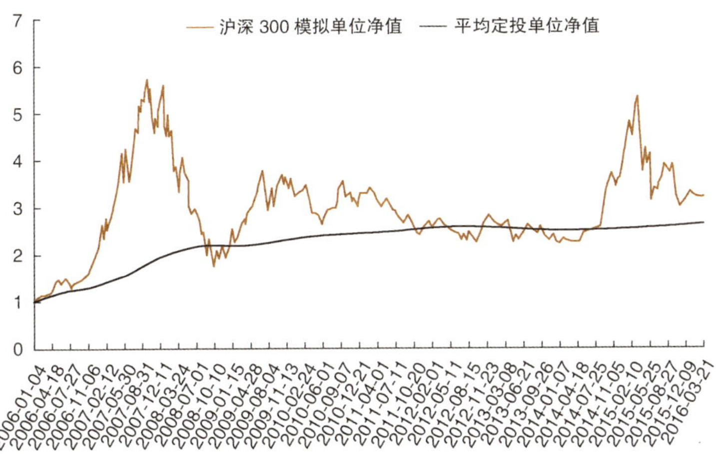

2006 年牛市起点开始定投沪深 300 指数型基金（模拟）

资料来源：华泰证券。

为了方便分析，将每个时点的定投平均成本连接起来，就可以得到定投平均成本线，它也是基金单位净值的调和平均线。这条均线可以分析基金单位净值的波动对于平均成本的影响，以及所带来的投资盈亏情况。

根据华泰证券测算的数据，从2006年牛市起点开始每个月第一个交易日定投，我们发现由于在指数点位较低的时候，已经开始了定期投资，在2006~2007年牛市期间，定投的平均单位净值是慢慢上升的，但并未随着指数大幅上涨。直至2008年指数大幅下滑至底部区间，定投依然是盈利的，2008~2014年6年的震荡市场中定投也是盈利的。2014~2015年的牛市行情中，基金定投又再次盈利。

怎么理解呢？在这10年的定投中，定投的平均成本基本是在一个比较低价的区间内变化的，成本上升也是很缓慢的。就算市场发生了反弹，基金定投还是盈利的，侧面也反映出定投在控制成本方面还是很有优势的。

二 2007年熊市起点开始定投

在牛市的最高点即熊市的起点开始定投，虽然定投的平均成本随着指数的下滑而下滑，但由于在指数点位较高的时候已经开始了定期投资，指数下滑期间，或者说市场下跌的过程中，是无法避免定投投资亏损的。

从另一方面去看，在指数跌至底部开始反弹的2008~2009年间，定投已经开始实现盈利。

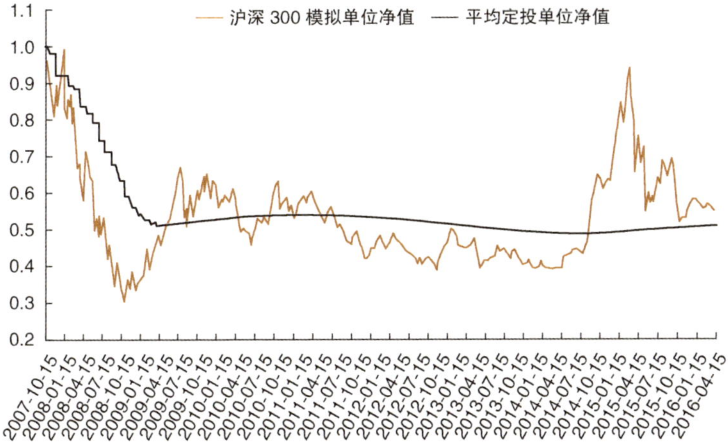

2007 年熊市起点开始定投沪深 300 指数型基金（模拟）

资料来源：Wind，华泰证券。

在 2011 ~2014 年 4 年的震荡下行市场中，大部分时间定投是亏损的，但亏损不是很大。2014 ~2015 年的牛市行情再次启动，基金定投随着市场行情转暖，又逐渐盈利，直至牛市结束后，投资也是盈利的。若是在 2007 年牛市最高点进行单笔一次性投资，那么在后续 9 年间几乎没有任何盈利的机会。

这表明在熊市中长期定投有助于降低投资成本，相比单笔一次性投资面临的指数巨幅下跌，风险更小。奠定较低的平均投资成本，在市场下跌的过程中，依然会有盈利的可能。

三 2010 年震荡下行的市场起点开始定投

这也是在一个不利的市场条件下开始的基金定投。在 2010 ~2014 年，市场是波动的，一次性单笔投资，沪深 300 模拟单位净值也是“波澜起伏”的，而定投收益也是下跌的。但是2014年10月市场转暖，指数上涨过程中，定投的收益开始回暖，即盈利，而且在后续一次性投资收益下跌过程中，定投依然盈利。

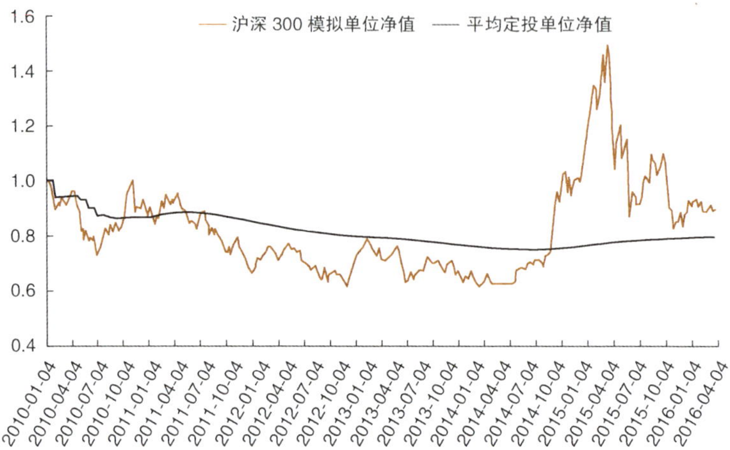

2010年震荡下行的市场开始定投沪深300指数型基金（模拟）

资料来源：Wind，华泰证券。

	出现次数	占比
年化收益大于0	536	36.94%
年化收益大于4%	314	21.64%
年化收益大于10%	81	5.58%
统计样本数	1451	

数据来源：Wind，华泰证券。

这同样证明了长期的基金定投能够有效地降低投资成本，在市场出现反弹时，基金可以快速实现盈利。

为此，可以总结出以下三点。

首先，在任何波动的市场条件下，基金单位净值曲线围绕其平均成本线上下运动，定投总有盈利的机会。

其次，平均成本线对净值曲线的变化反应滞后，比净值线涨得慢，跌得也慢。这是由于每笔定投，都只是占整个定投中的一定比例，定投的期数越多，每笔占比越小，越往后平均成本线对净值曲线的变化反应越慢。

最后，平均成本线会随着时间推移出现钝化的现象。原因在于，定投后期每笔投资占总投资的比例越来越小，使得它对总投资成本的影响也越来越小。

第六节

为何坚持定投了，我还亏了呢

你有没有遇到这种情况：都说定投要坚持，我一年 365 天，连续 8 年坚持定投为什么还亏了？

其实有句大实话，你可能未必听到过，定投坚持的时间长了，也未必是好事，因为定投你也要学会傻傻地买，聪明地卖！

如果我们分别从市场最低点 2005 年 6 月 6 日（收盘点 839 点）、最高点 2007 年 10 月 17 日（收盘点 5824.12 点）开始每月定投 1000 元到沪深 300 指数，截至 2017 年 8 月 31 日，看看定投效果如何。

一 2005 年 6 月 6 日 ~ 2017 年 8 月 31 日

市场走向轰轰烈烈的牛市时，定投收益率也是随即上涨，虽然市场偶尔大跌时，定投收益率也受到一些影响，但是如果我们在 2007 年 6 月至 2008 年 3 月稍微“停下”，定投的收益率最高达 200% 左右；如果坚持再定投，在 2015 年 4 ~ 6 月也会获得不错的收益率。

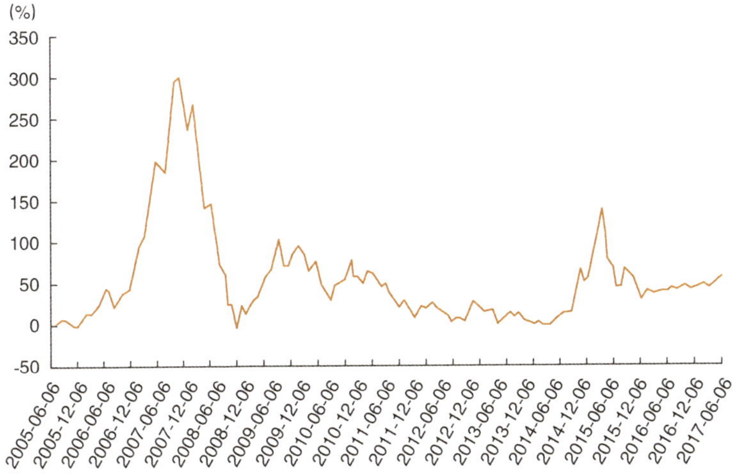

2005～2017 年定投累计收益率情况

资料来源：u8 定投计算器。

投入本金（元）	定投日期	累计收益率（%）
1000	2007－06－06	189.62
1000	2007－07－06	184.80
1000	2007－08－06	251.41
1000	2007－09－06	293.43
1000	2007－10－06	300.24
1000	2007－11－06	267.26
1000	2007－12－06	235.48
1000	2008－01－07	266.40
1000	2008－02－13	210.98
1000	2008－03－06	196.56
1000	2015－04－07	91.28
1000	2015－05－06	103.58
1000	2015－06－08	138.21

二 2007年10月17日~2017年8月31日

同样的，在市场达到最高点后，上演下跌行情中，也有几个相对较高的定投收益时间点。

2007~2017年定投累计收益率情况

资料来源：u8定投计算器。

投入本金（元）	定投日期	累计收益率（%）
1000	2009-07-17	22.96
1000	2009-08-17	9.28
1000	2009-09-17	14.89
1000	2009-10-17	14.60
1000	2009-11-17	23.94
1000	2009-12-17	18.18
1000	2010-01-18	18.20
1000	2015-04-17	68.16
1000	2015-05-18	66.66
1000	2015-06-17	86.26

不过出现上述理想的状态，是你必须坚持定投、适当“停止”、接着定投的过程。

那么，坚持定投的“坚持”到底为何意？

首先，长期坚持定投，时间不宜短。因为定投有个作用是市场“低点多投，高点少投”，能够起到平摊成本的作用，时间太短了，未经历充分的震荡期，定投平摊成本的作用效果不大。

其次，定投到了后期，通常前期资产积累足够大，新增份额摊平成本的效果逐渐减弱，市场一旦回调甚至大幅下跌，比如“∧”这样的市场环境，资产将面临较大幅度的缩水。

最后，市场不是无限上涨或者无限下跌的状态，有获利的点锁定收益，落袋为安，止盈后的收益进入下一期定投，这也是一种定投“坚持”法。

那么，止盈有什么操作方法？

首先老娘舅要强调的是，止盈不适合在定投前期操作，因为前期投资者积累的资金不多，如果你止盈了，反而降低了资金使用率。以下是三种“止盈”的具体操作。

1. 保守定投法

在开始定投前给自己定一个预期收益率，比如15%、20%、30%，这个可以根据个人理财需求来设置。如果你有子女教育或者养老，可以设置得稍微高点，定投预期收益率30%、40%也可以。只要达到这个收益率了，要果断赎回。关于定投止盈效果，老娘舅找到富国基金的定投止盈测算数据，供大家参考下。

假设每月定投1000元到富国沪深300指数增强，从2010年

1月5日至2010年10月25日，定投效果如下。

	总成本（元）	总收益（元）	收益率（%）
定投止盈法	10000	1730.54	17.31
定时定额法	10000	1533.47	15.33

2. 分批定投法

设定完定投预期收益率后，分三次（三个月）赎回，每一个月赎回1/3。如果遇到市场行情上涨的情况，未赎回的部分还能享受上涨的收益。

3. “两步”定投法

何为“两步”？你不妨先设置一个定投预期收益率，然后再设置一个跌幅承受率。比如定投预期收益率为10%，跌幅承受率是20%，当定投收益率达到10%后，先停止定投。如果市场还处于下跌行情中，当定投收益率触及20%的跌幅承受率，就直接赎回，落袋为安。

最后老娘舅想说的是，定投止盈点不要奢求买在低点，卖在高点，长期坚持还是有效果的。一个简单的方法是，根据你自己的实际情况（家庭收入、日常支出等）去设置一个止盈点，达到这个点了，止盈，落袋为安，或者进行下一步的定投计划，切忌跟着市场“随风飘摇”。

第七节

定投亏了，我需要止损吗

当市场行情出现下跌时，基金定投到底该怎么操作呢？有的人佛系对待，看市场起起伏伏，我心岿然不动；有的人想立马加仓对待。定投也跟炒股一样，有的人直接止损，二话不说赎回，尽可能避免大损失。

那么，面对基金定投出现亏损时，我们怎么对待呢？

首先，亮出自己的观点，定投可以止盈，止损慎重操作。

以每月 100 元定投跟踪中证 500 指数的基金为例来说明，当基金净值为 2.3855 元时，购买的份额为 41.92 份，当基金净值下跌到 2.3075 元时，购买的基金份额为 43.34 份。具体见下表。

定投日期	单位净值	定投金额（元）	购买份额
2018－09－03　星期一	1.8605	100.00	53.75
2018－08－01　星期三	1.9890	100.00	50.28
2018－07－02　星期一	1.9966	100.00	50.09
2018－06－01　星期五	2.1831	100.00	45.81
2018－05－02　星期三	2.2275	100.00	44.89
2018－04－02　星期一	2.3254	100.00	43.00
2018－03－01　星期四	2.3513	100.00	42.53

续表

定投日期	单位净值	定投金额（元）	购买份额
2018－02－01　星期四	2.3075	100.00	43.34
2018－01－02　星期二	2.3855	100.00	41.92

资料来源：东方财富网。

而这也引出我们的第一条：基金定投为什么没必要止损。因为基金定投就是通过分批投资的方式来平摊投资成本。市场越是下跌，定投买到的基金份额就越多，长期来看，持仓成本价就越低。简单理解，下跌时可以通过定投来降低投资成本。

其次，定投贵在坚持。

我们常说时间是定投的好朋友，因为基金定投的根本逻辑在于，通过长期分批购买优质基金，平摊投资成本和分散投资风险，从而获得平均收益。定投赚的不是低买高卖、择时机的钱，而是在时间的细水长流中，获得市场平均收益，稳健地赚钱。

最后，基金定投是获得平均收益，没必要追涨杀跌。

投资是反人性的，它考验人们贪婪、恐惧等心理。同样的，想要在市场中准确地踩点入市，比在空中接住一把飞刀还难。定投追求的是市场的平均回报，而不是短期内的高收益，市场涨加仓，市场跌减仓甚至直接退出定投，这都是和基金定投相违背的。我们要做的是选择一只比较靠谱的优质基金，遵守定投的纪律，获得稳健的定投收益。

事实上，止损是对个股来说的，因为一只股票基本面可能会变差，可能下跌后长时间不涨，甚至更坏的结果是面临退市，如果手上有这样的亏损的股票，难道不要去止损吗？再者，如果是指数基金定投，更没必要止损了，指数基金反映中国经济的发展，具有“长生不老”的特点。通俗点理解，就是股市开着门，指数基金就不会退市。

不过，话也不能太绝对，面对基金定投亏损时，为了让自己更放心，趁这个时候，去检视下自己定投的基金。

有几个简单的检视定投基金的步骤。

第一步，检视基金历史业绩优劣。从短、中、长期三个维度来评价基金的历史业绩，如果在历史各个区间内的排名都在中等偏上的水平，那么说明暂时的亏损是因为系统性原因，比如市场大幅下跌。在这种情况下，秉持着定投“越亏越买”的特点，可以考虑继续坚持定投。

第二步，查看基金经理投资水平。去官网或者交易软件的基金行情界面，查看基金经理的投资能力，如其管理的其他基金的业绩，或者以往的投资经历、研究经历、学历等。

第三步，查看基金规模大小。基金规模太小，面临机构大额赎回，将是个潜在危险；规模太大，管理难度比较大。可以综合其他几个因素考量，是否需要止损。

第四步，基金风格是否“情真意切”。对风格漂移的基金建议敬而远之，尽管短期业绩好，也要小心。如果是某某中小盘基金，投资的却是大盘蓝筹板块，这种投资风格不稳定的基金还是谨慎点好。

另外，如果做的是基金定投组合，经历一年以后我们都应该对于定投的基金组合进行一次回顾和检视，具体参照上面的方法。

总而言之，如果选择了基金定投，面对亏损，不妨按照上面的步骤，审视自己的投资思路。如果基金本身没有问题，市场下跌的时候，正是积累投资筹码的好时机，这样在市场行情转好的时候，难道不是一个收获的季节吗？

第八节

定投 20 年能成为千万富翁吗

定投有什么人设？赌一包辣条，很多金融机构都是这么宣传的：

定投的功效，是在价格高买得少、价格低买得多，时间长了可以摊薄投资成本，获得较为稳定的收益。但是，定投虽好，不代表可以恣意妄为。下面老娘舅就讲讲定投的误区，谨防被忽悠。

一　定投的标的可以随便选吗

举个例子，定投结束时间是 2017 年 11 月 30 日，周期选择 1 年、2 年、3 年、5 年、10 年，那么定投开始时间就倒推至 2016 年 11 月 1 日、2015 年 11 月 1 日……为了比较客观地衡量市场，分别以沪深 300、中证 500、上证综指为定投对象，每月定投

1000 元，我们一起看看下面的表格。

定投标的	1 年	2 年	3 年	5 年	10 年
沪深 300	12.01%	17.8%	15.93%	37.69%	39.09%
中证 500	-1.52%	-0.65%	-1.8%	26.15%	50.55%
上证综指	2.62%	6.11%	3.6%	23.62%	23.87%

资料来源：u8 定投计算器。

对比代表大盘蓝筹指数的沪深 300 和代表中小盘指数的中证 500 近 1 年、2 年、3 年、5 年、10 年的定投，其收益率都是不一样的。这与当时的市场环境有关，也就是当时市场偏向哪种风格，哪种风格定投的效果较好些。

再对比股票型基金和债券型基金。

先说明下，老娘舅选择的股票型基金是业绩在 2019 年以来，近 1 年、近 2 年、近 3 年、近 5 年都在业绩前 20 的产品——易方达消费行业基金和银河领先债券，收益率见下表。

定投标的	1 年	2 年	3 年	5 年
易方达消费行业	24.65%	46.06%	55.46%	87.98%
银河领先债券	0.72%	2.58%	6.60%	17.10%

数据来源：u8 定投计算器。

不过，要注意以下两点。

第一，选择不同的定投标的，在不同的市场中，盈利的概率不同。比如，自 2018 年末市场风格转变，蓝筹主导行情，中小创受挫，如果你定投的基金是偏中小创风格的，2019 年定投的收益并不理想。所以定投选择的标的也要看整体的市场环境。

第二，简单来看，随着定投周期拉长，定投股票基金的收益率大概率大于债券基金的收益率，符合老娘舅之前说的定投选择波动性大的基金。债券基金定投是风险小、收益小的一种方式。

二 定投真的稳赚不赔吗

如果随便搜索定投的文章，类似《基金定投 20 年，我买了一套房子》《定投 10 年，我买了一辆车》这种文章应该都见过，看到标题确实有种一夜暴富的既视感。但是定投基金也有很倒霉的时候。举个简单的例子，下图是 2007 ~ 2017 年定投上证综指的收益率。

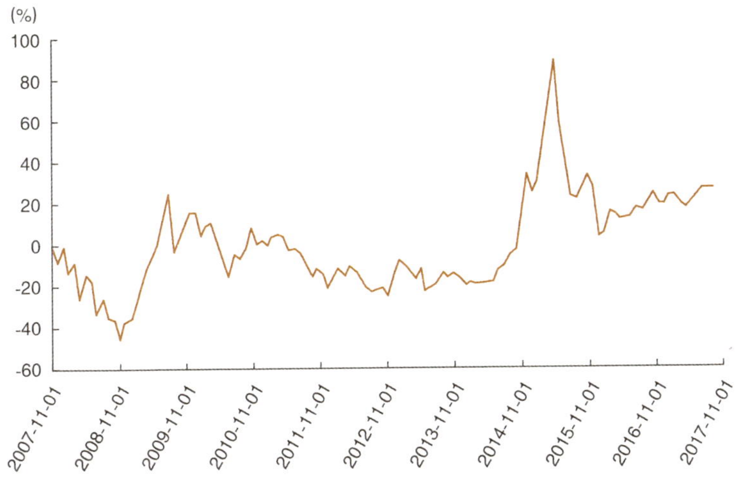

2007 ~ 2017 年定投上证综指的收益率

资料来源：u8 定投计算器。

从图中可以看出，如果从 2007 年 11 月 1 日定投，到 2014 年 6 月 3 日赎回定投金额，其间定投 6 年多，时间也不算短，但是

定投累计收益率仅 -18.23%。如果再坚持几个月，定投收益表现如何？见下表。

定投标的	坚持半年	坚持7个月	坚持1年
上证综指	7.25%	33.68%	89.11%

如何巧妙地在过去10年中定投稳赢？比如，在2011年5月停止定投计划，落袋为安，虽然只获得6%左右的定投收益率，但是很巧妙地避开了后市震荡行情。

【老娘舅有话说】

第一，定投并不能稳赚不赔，如果遇到市场行情不好，定投也会有亏损。此外，投资适时停止并非坏事，定投也要学会止盈，落袋为安，锁定收益。定投止盈的内容可以参考《为何坚持定投了，我还是亏了?》，如果定投的收益率或者总资产达到了自己的预期，果断赎回。如果遇到牛市快速上涨行情，可以考虑分批赎回，落袋为安；一旦牛市转熊市，就全部赎回，不必懊悔没有赎在最高点。

第二，面对定投亏损，也要摆平心态，短期面对亏损就赎回，不推荐这么做，毕竟赎回是要成本的。如果像上面举例的一样，坚持下，还是有博取定投可观收益的空间。

第三，定投本是平摊投资成本，熨平市场波动，以基金定投来实现中彩票一夜暴富的情况，真的太难，但定投时间越长，收益大概率越来越稳定。

三 定投一定比一次性投资好吗

定投号称“懒人投资”，省心省力，那它就一定比一次性投资好吗？这个问题我们还得辩证地去看，老娘舅同样地比较过去10年上证综指走势及定投收益率。定投是否跑赢一次性投资，还得看不同的市场环境。

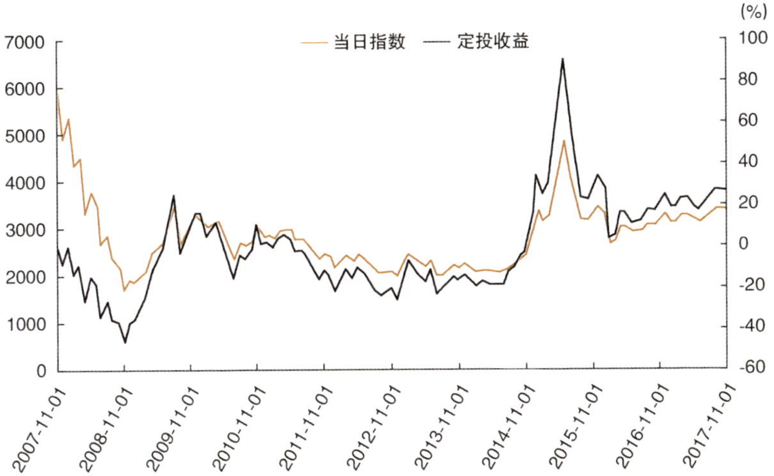

2007～2017年上证综指走势及定投收益率比较

资料来源：u8定投计算器。

【老娘舅有话说】

不能一概而论定投一定比一次性投资要好，参考过去市场上证综指走势及定投对比，在不同的市场环境下，收益是不同的。

微笑曲线，也就是先跌后涨的环境下，定投的收益要好于一次性投资。

"震荡向上"的市场环境下，虽然定投能保持盈利，但收益不如一次性投资。

"震荡向下"的市场环境下，定投和一次性投资会有一定亏损，但定投亏损幅度小于一次性投资，而且定投"逢低多投"的属性，大概率在后市上涨行情中，降低了整体投资成本。

下篇

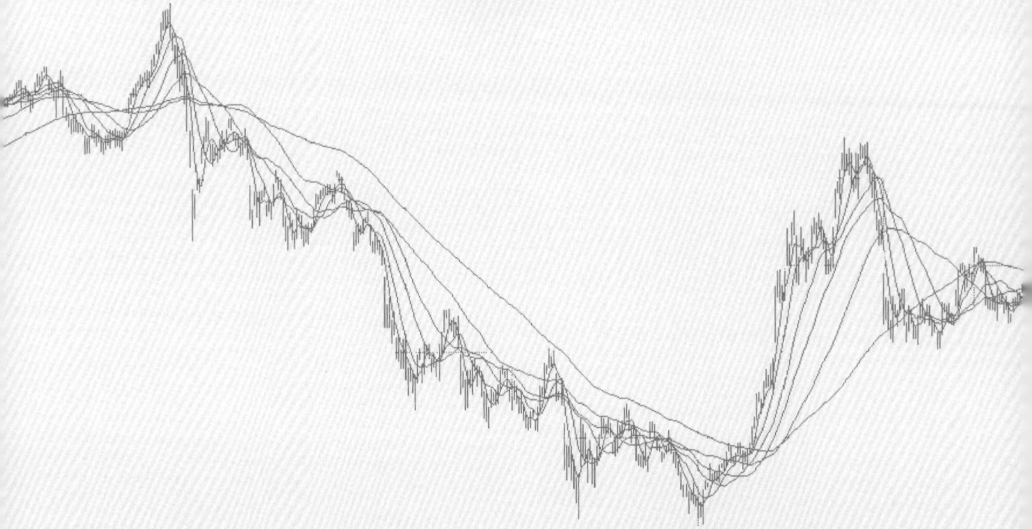

第一节

定投与一次性投资，该选择哪一种

赌博时，我是慢慢下注还是一次性全部下注呢?

基金和股票，我买哪个比较好?

定投和一次性投资，哪个比较容易赚钱呢?

在变幻莫测的市场之中，是选择一次性投资还是老老实实选择定投，我们的胜率更大一些呢?结论是，没有孰好孰坏，全凭个人选择。

举例来看，2018 年 8 月 20 日，大盘创出 2653.11 点的新低。2015 年 6 月 12 日，上证指数创出 5178.19 高点之后，中国 A 股很快迎来了重要性的拐点。以此为期限，在这期间，定投或者一次性投资其他指数表现怎么样呢?见下表。

	一次性投资收益率（%）	定投收益率（%）
上证综指	-47.31	-15.71
沪深 300	-38.43	-8.46
中证 500	-57.48	-23.62
深证成指	-52.97	-21.45

资料来源：u8 定投计算器，2015 年 6 月 12 日 ~2018 年 8 月 20 日。

当初选择基金定投，就是看中了其在市场震荡中可以将成本不断摊薄的好处。这一组业绩对比则证明了，3 年多来，基金定投其实完成得较好，虽然不是稳赢，但比一次性投资要亏损少得多。

那么在起伏的市场中，定投的效果就一定比一次性投资效果要好很多吗？其实不然，如果换一个区间，还是以 2018 年 8 月 20 日为节点，时间拉长 5 年，定投开始时间为 2013 年 8 月 20 日。见下表。

	一次性投资收益率（%）	定投收益率（%）
上证综指	29.39	-5.63
沪深 300	40.14	4.25
中证 500	33.9	-12.63
深证成指	1.55	-14.93

资料来源：u8 定投计算器，2013 年 8 月 20 日 ~2018 年 8 月 20 日。

可见，在 2013 年 8 月 20 日 ~2018 年 8 月 20 日期间内，一次性投资收益率好于定投收益率。

两种数据对比，是不是有点模糊不清了？到底是一次性投资好，还是定投好呢？

两者并不能简单地放在一个维度说孰优孰劣，如果要做对比，或者说想要区分出哪种更适合自己，下面几点可以参考一下。

一　投资要求的角度

通俗讲，基金定投和基金一次性投资的主要区别在于：定投无须择时，一次性投资需要择时。A 股诞生以来，牛市短熊市长，躺着都能赚钱的机会非常稀有，所以进行一次性投资，最重要的就是要学会择时。择时就意味着你需要千挑万选、火眼金睛、够硬的专业储备知识，去挑出稳赢的机会。但是有个风险不要忘了，你可能一不小心站在高点或者下跌的半山腰，那就需要承受亏损的风险。

而定投淡化了择时，如果投资期限很短，就不能称之为定投。定投的本意就是要平滑成本，让整个收益的增长率接近于资本市场或某个领域的长期走势。投资多久呢？投资周期可能是 3～5 年，这才是定投的本质，也是达到了不需要择时的目的。

二 投资资金的角度

基金定投更适合资金来源有规律的人群，比如普通上班族、学生等。按月将自己的一笔闲置资金投入基金定投中，规律有节奏的投资是符合这部分人群的。一次性投资一般是需要大笔资金的，如果闲置资金比较多，比较倾向于这种“一把梭”的投资感觉。

三 投资目的的角度

投资者进行投资，最终是为了实现财富的保值增值。一次性投资如果赚了一笔钱，获利了结后，需要寻找下一个投资机会。对于一次性投资者而言，投资生涯是由多个“一次性投资”构成的。而基金定投是“一期一期投资”构成的。通常而言，定投适用于养老、子女教育、个人置业等长期理财目标。一次性投资更倾向于在市场持续上涨的时候，一次性买入。

四 投资规划的角度

定投在家庭理财中，大部分的作用应该是实现生活目标，比如教育金、养老金，这些目标是非常私人的。拉长看，定投和一次性投资并不矛盾，两者搭配起来，类似于资产配置。

五 投资情绪的角度

害怕、贪婪是投资中的反人性的行为，如果贪婪或者急功近利，在“一把梭”投资中可能会变成高买低卖，最后连本钱都赔进去了。基金定投是每日或者每月将固定资金投入进去，需要遵守投资规则，对投资行为有一些纪律性要求。如果你无法避免追涨杀跌，跟着市场节奏频繁快进快出，基金定投确实是一个不错的选择。

所以，基金定投和一次性投资没有孰好孰坏之分，遵循自己的选择，结合自己的实际情况、投资风格，选出适合自己的投资方式就可以了。等积累了比较多的投资经验，可以尝试“基金定投＋一次性投资”的方式，用基金定投去做长线投资，用一次性投资做一些短期收益。

第二节

背诵！背诵！背诵！这些定投方法请“对号入座”

市场震荡，不管是基金公司还是第三方的理财网站都在宣传定投。既然确定定投了，也明白定投是一种长期的投资策略，那么这场定投之旅有没有比较好用的定投小技巧呢？接下来，老娘舅会重点介绍三种定投方法，请“对号入座”，选择适合自己的定投技巧。

一 定时定额法

这种定投方法，也就是一种傻傻的投资方法，定投（每月或每周）定额（固定金额）去购买基金。举个简单的例子，老娘舅决定每个月的 5 日，投资 1000 元到兴全沪深 300（163407），时间为 2013 年 6 月 1 日至 2017 年 7 月 31 日（其间市场经历牛熊市转换），通过 u8 定投计算器，测算结果如下。

	总投资金额（元）	年化收益率（%）
定投	50000	19.49
一次性投资	50000	17.03

定期定额投资的年化收益率比一次性投资的高，对于投资“小白”来说，简单的定期定额投资亦有效果，平滑市场风险，积少成多，获取市场平均收益。

二 价值平均定投法

价值平均定投，设定市值增长目标，每期按照目标金额投入不同金额。比如基金净值是 A，目标金额是 B。

如果 A＞B，表示基金账户净值已经超额完成，那么需要把超额部分的多余基金净值卖出套现。

如果 A＜B，表示未到达目标金额，那么下个月投资金额是本期需定投的金额加上基金目标金额和累计净值的差额。

如果 A＝B，表示本期基金账户净值刚好达到预期目标，既不用追加本金，也不需要卖出基金。

举个简单的例子：假设首月定投金额是 1000 元，设定目标市值按每月 1000 元增长，具体见下表。

期数	单位净值	份额	目标金额	累计净值	差额	操作	变动份额	累计份额
1	1	1000	1000 元	1000 元	0	/	/	
2	0.8	1000	2000 元	800 元	－1200	买入 1200	＋1500	2500
3	0.5	2500	3000 元	1250 元	－1750	买入 1750	＋3500	6000
4	1	6000	4000 元	6000 元	2000	赎回 2000	－2000	4000

注：数据参考挖财网。

这种定投方法自动完成“高抛低吸”的功能，下跌过程中，大幅加仓，上涨过程中，逐步减仓、变现，能够较好地及时锁定定投收益。

三 均线定投法

这条定投方法，投资者要注意两点：设定指数和基准均线。

投资者定投的基金要与指数具有较高的相关性，如定投大盘蓝筹风格的基金，可以以沪深300指数作为参考。基准均线，是指一定时期内股市收盘价的平均值，可以反映出市场的平均值。比如上证综指180日均线就表示前180个交易日中，该指数的平均点位。常见的均线，包括60日、90日、180日、240日均线。一般来说，240日均线表示240个交易日（差不多一年）市场平均成本，适合作为长期定投参考标准。如果240日均线保持上行趋势，且股指在240日均线之上，说明市场处于过热阶段，我们可以减少投资金额。反之，市场被低估，可以增加定投投资金额。

据均线定投计算工具——智投星提供的公式：指数和均线的比率 =（指数 - 均线）/指数。

从上面截图我们可以看出，当比率 <0，将买入1100元，当比率低于10%时，买入1300元，也就是说市场估值越来越低，

适合在低位积累更多便宜的筹码，恰恰实现了定投“逢低多买，逢高少买”的效果。

老娘舅还是用2013年6月1日至2017年7月31日这个时间测算下。

	总投资金额	年化收益率
定投	55100	21.69%

同样的时间段，同样的基金，均线投资比定期定额投资年化收益率要高些，见下图。

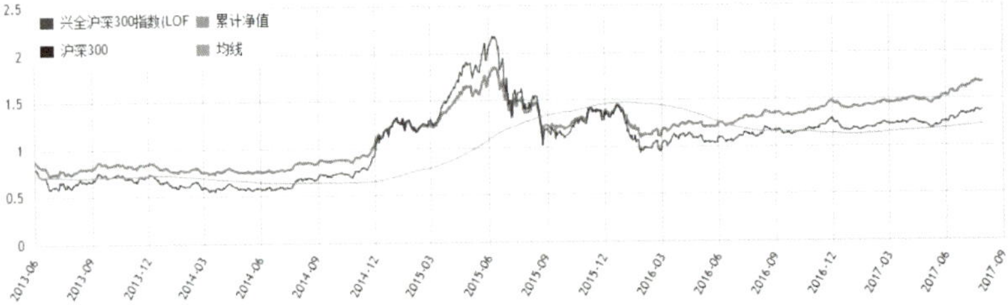

兴全沪深300指数（LOF及沪深300）

四 总结

上面三种方法是老娘舅总结出的“定投三阶”，虽然方法是死板的，但投资者完全可以根据自己喜好来投资，如果觉得第二种和第三种方法有点复杂，选择定期定额的方法，省时省力，获得市场平均收益也是可以的。现在有很多基金公司和第三方网站提供定期定额自动扣款的功能，简直是懒人投资的福音。例如，天天基金网，华夏基金、富国基金、兴全基金等，有兴趣的投资者可以登录官网查看，老娘舅就不在这里一一列举了。

第三节

基金定投“黑科技”：均线偏离定投法

基金定投，大伙听到最多或者目前使用最多的应该是定期定额定时投资了吧，但是基金定投中还有一些“黑科技”，就是不按常规操作去定投基金。接下来，老娘舅就为大家介绍几款“黑科技”，供有需要的朋友去参考。

首先讲一讲定投的“均线偏离定投法”。

定时定额投资有点像平常的零存整取，但是在平常操作中，我们也会发现一个问题：净值跌得多时多买点，似乎还能够更快地拉低成本。这样，一种定期不定额的方法就诞生了，实际上也就是“均线偏离定投法”。准确点来说，就是投资者根据市场中的指数变化走势，来决定每月/周投资金额多少。以均线为基准线，如果市场上涨，当指数大幅低于均线时，就减少投资的金额；如果市场下跌，指数低于均线，就增加投资的金额，提升基金定投的效率。

这里我们要考虑三个点：选什么指数、指数均线设定、级差。

指数：参考指数可以设置为沪深300、上证指数、创业板指数、中证500、上证50等，这也是目前比较多的基金公司智能定投参考的指数，不过还是要以基金的实际情况为准。

指数均线设定：均线反映的是市场的一个平均水平，参考均线可以设置60日、180日、250日、500日等。比如180日均线，表示该指数前180个交易日内，指数的一个平均点位；250日均线，表示该指数前250个交易日内，指数的一个平均点位。要注意的是，不同的均线会影响到均线偏离度，进而影响到每次的定投金额。一般来讲，3年或3年以下的投资者可以选择180日均线，3~5年的可以选择250日均线，5年以上的可以选择500日均线。

这里有个网上普遍公认的偏离度的公式：

偏离度=［（T-n日时参照指数的收盘价-T-n日时该参照指数某均线值）/T-n日时该参照指数某均线值］×100%

级差：即指数与指数均线的差距，这个差距决定了你要投多少资金。一般级差分为10%、20%、30%的比较多。

通过上面这些数据，实际需要扣款的金额也就出来了。

智能定投的实际扣款金额=基础金额×（1+档位参数×级差）

目前广发基金就有这种均线偏离法的“黑科技”。下图是老娘舅截取的官网的图。

广发基金的“赢定投”可以实现“高位少买，低位多买”的需求，根据扣款日前一日（T-1日）的市场指数和该指数均线的

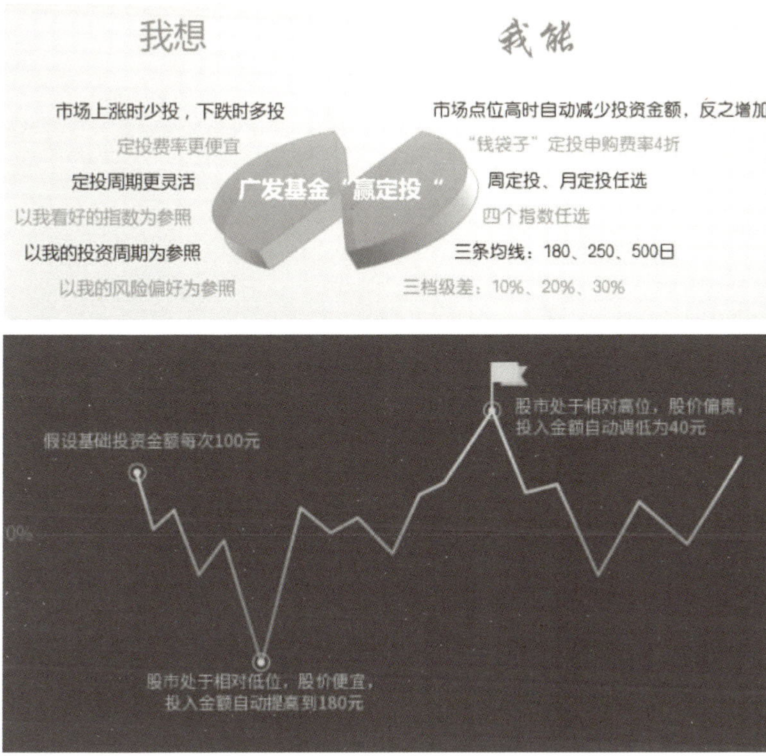

广发基金"赢定投"示例

资料来源：广发基金官网。

比较情况，在T日根据投资者自己选择的级差自动去增加或者减少定投扣款的金额，从而更好地平均长期投资成本，分散投资风险。

接着我们看看广发基金给的案例，如果想要定投3年广发小盘成长基金，那先可以选择上证指数、180日均线、10%的级差这三个标准，然后确定每个月定投扣款的基础金额。每月实际扣款金额将根据所选择的指数、指数均线、级差来确定，具体扣款的金额也帮你列好了。

指数种类	上证综指、深证成指、沪深300、中证500			
均线种类	180日、250日、500日			
级差种类	10%、20%、30%			
指数	T-1日指数收盘价超过均线（%）	赢定投T日扣款档位	T-1日指数收盘价低于均线（%）	赢定投T日扣款档位
日均线	0~15（含）	-1	0~5（含）	1
	15~50（含）	-2	5~10（含）	2
	50~100（含）	-3	10~20（含）	3
	100以上	-4	20~30（含）	4
			30~40（含）	5
			40以上	6

资料来源：广发基金官网。

上证综指	T-1日指数收盘价超过均线（%）	T日相对基准金额定投扣款率（%）	T-1日指数收盘价低于均线（%）	T日相对基准金额定投扣款率（%）
日均线	0~15（含15）	90	0~5（含5）	110
	15~50（含50）	80	5~10（含10）	120
	50~100（含100）	70	10~20（含20）	130
	100以上	60	20~30（含30）	140
			30~40（含40）	150
			40以上	160

注：实际扣款日扣款金额不低于100元，当扣款金额低于100元时以100元为准。

资料来源：广发基金官网。

具体的情况，投资者还要看看自己所买的基金，上面的例子只是给你一个参考。

此外，富国基金也有类似的智能定投法，叫做“目标盈”，紧跟市场波动，基金净值较低时，增加投资额；基金净值较高时，减少投资额。

根据富国基金官网给出的例子：

级差为10%的相对扣款率参考下表（以基础金额1000元为例）。

	T-1日指数收盘价与均线比较（%）	档位参数	相对扣款	实际定投金额（元）
T-1日指数收盘价高于均线	50（含）以上	-2	80%	800
	35（含）~50	-1.5	85%	850
	20（含）~35	-1	90%	900
	5（含）~20	-0.5	95%	950
T-1日指数收盘价与均线相比	-5（含）~5	0	100%	1000
T-1日指数收盘价低于均线	5~15（含）	1	110%	1100
	15~25（含）	2	120%	1200
	25~35（含）	3	130%	1300
	35~45（含）	4	140%	1400
	45（含）以上	5	150%	1500

资料来源：富国基金官网。

级差为20%的相对扣款率参考下表（以基础金额1000元为例）。

	T-1日指数收盘价与均线比较（%）	档位参数	相对扣款	实际定投金额（元）
T-1日指数收盘价高于均线	50（含）以上	-2	60%	600
	35（含）~50	-1.5	70%	700
	20（含）~35	-1	80%	800
	5（含）~20	-0.5	90%	900
T-1日指数收盘价与均线相比	-5（含）~5	0	100%	1000
T-1日指数收盘价低于均线	5~15（含）	1	120%	1200
	15~25（含）	2	140%	1400

续表

	T-1日指数收盘价与均线比较（%）	档位参数	相对扣款	实际定投金额（元）
T-1日指数收盘价低于均线	25~35（含）	3	160%	1600
	35~45（含）	4	180%	1800
	45（含）以上	5	200%	2000

资料来源：富国基金官网。

级差为30%的相对扣款率参考下表（以基础金额1000元为例）。

	T-1日指数收盘价与均线比较（%）	档位参数	相对扣款	实际定投金额（元）
T-1日指数收盘价高于均线	50（含）以上	-2	40%	400
	35（含）~50	-1.5	55%	550
	20（含）~35	-1	70%	700
	5（含）~20	-0.5	85%	850
T-1日指数收盘价与均线相比	-5（含）~5	0	100%	1000
T-1日指数收盘价低于均线	5~15（含）	1	130%	1300
	15~25（含）	2	160%	1600
	25~35（含）	3	190%	1900
	35~45（含）	4	220%	2200
	45（含）以上	5	250%	2500

资料来源：富国基金官网。

最后，关于这种均线偏离定投的方法，老娘舅还要说明以下几个问题。

第一，较多普通股票型基金、偏股混合型基金的业绩表现会受到A股市场的影响，但不同风格的基金业绩在整体上仍存在差异。为了使得所选取的参照指数能够尽可能反映这种差异，在选择参照指数时，投资者也需要判断并选择与基金投资风格最为契合的参照指数。如上证综指可适用于偏平衡型基金，上证 180、沪深 300 可适用于价值型基金，深证成指、深证 100 可能比较适用于成长型基金等。

第二，相较于一般的股票型基金，要去找和自己基金投资风格更为相近的基准指数。可能选择一个指数基金去定投，均线偏离法效果更好，因为简单粗暴地去选择你所选的指数基金跟踪的指数作为基准就可以了。而主动股票型的基金，你得考虑一些变数，比如基金投资风格不明显，基金经理换了，他的主观因素影响基金的投资风格。

第三，设置不同的均线，在不同的期限下，最后产生的定投效果都是不一样的。因为不同均线的数值是通过不同期限中指数收盘价计算出来的均值，代表的是不同期限下市场的一个平均表现。简单理解，这也是前面提到的，250 日均线、500 日均线更适合作为长期基金定投参考的均线标准。

第四，在上面提到的一些基金公司的智能定投方法中，你已经开启了一个定投计划，均线偏离度的区间范围都是不允许投资者自定义或者手工修改的，虽然限制了程序的灵活性，但也是投资的自律性。

第五，我们在定投初期，需要根据自我风险承受能力、投资风险偏好选择基金、指数和均线，根据个人收支情况去确定基金定投的扣款日、基准金额，要做到的就是坚持长期投资。如果碰到市场下跌就想终止你的定投计划，这样的定投“黑科技”效果是很难实现的。

第六，需要注意的是，投资者设置每月基金定投扣款日为T日，如果遇到T日为非工作日，则需要顺延到下一个工作日去扣款，并且以实际扣款日的基金净值来确认。如果遇到了基金暂停申购日，基金定投的最终确认还是要等到基金公司出示的公告为准。

第四节

基金定投“黑科技”：市盈率定投法

与上期均线偏离定投法不同的是，市盈率定投法参考的是指数的点位，而不是投资的成本（低时更多买，高时更少买）。

关于市盈率，老娘舅想先科普小的知识点。

什么是市盈率呢？就是 PE，也称为“股价收益比率”或“市价盈利比率（简称市盈率）”。市盈率是最常用来评估股价水平是否合理的指标之一，由股价除以年度每股盈余得出（以公司市值除以年度股东应占溢利亦可得出相同结果）。市盈率是估值的一种，延伸一个知识点就是市净率（估值中的另一个概念），简称 PB，即股票每股市价与每股净资产的比率，股票投资中讲的估值高低，就是市盈率、市净率高低。

市盈率定投法的核心在于，当指数价值被低估时增大单笔定投投资金额，当指数价值被高估时，减少单笔定投投资金额，由此让更多的本金买在市场低位，通过累计更低的平均成本线来提升盈利空间。简单理解，根据每期市场市盈率的高低，判断高估或低估，高估时降低本期定投金额，低估时增加本期定投金额。

采用这种方式，是因为从股市的历史走势去看，与指数市盈率的高低密切相关，市场的涨跌往往也伴随市盈率的升降，牛市顶部区域对应着市盈率的高位，熊市底部区域对应着市盈率的低位。市盈率成为衡量股市高估或者低估的良好基本面指标。

看个例子，截取中证500指数近5年（2013年6月30日~2018年6月30日）市盈率和指数点位的走势图，市盈率变化和指数点位变化拟合度比较高。引用到定投中，借助这种市盈率定投法，我们可以实现定投中“低时多买，高时少买”的策略，便于更好地分摊投资成本。

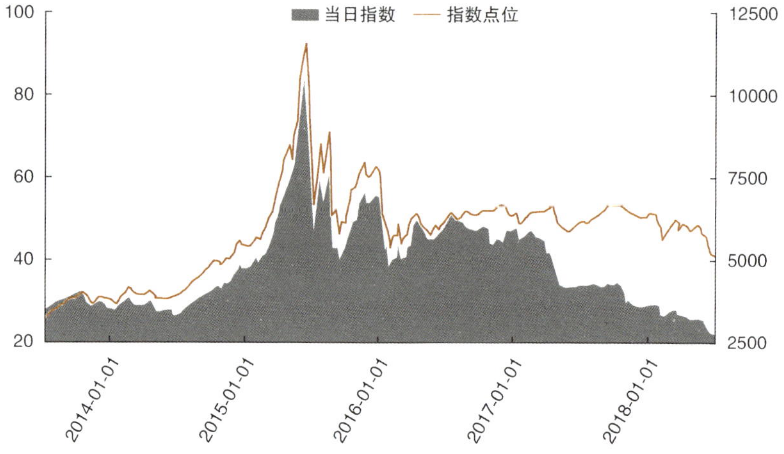

2014~2018年中证500指数市盈率和指数点位走势图

注：2013年6月30日~2018年6月30日。中证500（000905.SH）历史PE/PB。
资料来源：Wind。

关于这种智能定投方法，老娘舅先划三个重点。

第一，怎么去扣款的问题。市盈率定投是根据扣款前一交易日（T－1日）的指数收盘市盈率的变化来确定当期扣款金额。

第二，市盈率定投也需要在签订定投计划之前，为选择好的基金搭配一个参考指数。简单粗暴点就是，如果你是大盘蓝筹风格的基金，可以参考沪深 300 这样的参考指数；如果是中小盘风格的基金，可以选择中证 500 这样的参考指数。总之，注意选择的基金和参考指数之间的拟合度。

第三，投资都是有风险的，任何投资，包括定投，都需要确定自己的投资风格、风险承受能力。市盈率定投也要在自己合理的投资范围内。

目前南方基金推出的“e 智定投”，也是市盈率定投法。

“e 智定投”（市盈率定投）是一种定期不定申购业务，在每个指定周期（每周、每双周、每月）的定投日，系统根据选定的股票指数的估值水平（市盈率），市盈率越高，投入越少，当市盈率高于一定程度时停止投入；市盈率越低，投入越多，当市盈率低于一定程度时，投入金额达到投资者预设的最大限额。

此外，这个智能定投里有个“南方基金 e 智定投模型”，通过统计分析股票指数市盈率与指数点位的历史波动规律，智能择时，自动计算投入的系数，见右图。

需要注意的是，投资者开通“e 智定投”计划时需选定“基金品种”“参照指数”“定投周期”“每期扣款日期”“基准定投金额 M”“最大定投倍数 R”，系统根据定投日前两个交易日收市时参照指数的市盈率数据、基准定投金额及最大投入倍数，按照“南方基金 e 智定投模型”就可以自动计算出本期投入系数 K，本期定投金额 = K × M（0≤K≤R）。智能化的定投原理，可有效排除投资者贪婪与恐惧情绪的干扰；相比普通定投，“e 智定投”更主动地摊低了平均成本与风险。

目前，南方基金“e 智定投”参考的指数有沪深 300、深证成指、中证 500、中证 800、创业板等。

举例说明，投资者选择沪深 300 为参照指数，设定基准投资金额 =500 元，最大投入倍数 =2，则每期定投金额最高为 1000 元（500 ×2），最低为 0 元；假设某定投日前两个交易日收市时，沪深 300 指数的市盈率 =15 倍（比较低），系统计算的投入系数 =1.5，则该期定投金额 =750 元（500 ×1.5）；假设另一定投日前两个交易日收市时，沪深 300 指数的市盈率 =40 倍（比较高），系统计算的投入系数 =0.3，则该期定投金额 =150 元（500 ×0.3）。

这里面的基准金额是投资者自己设定的每定投周期的基准金额，最大投资倍数是投资者允许系统在基准金额的基础上投资的最大倍数。

这种方法，效果怎么样呢？下面看看南方基金网上的例子。

以中证 500 指数为参照，按月定投中证 500，基准定投 1000 元，最大倍数 2 倍就投入 2000 元，坚持“e 智定投”3 年，收益表现如何呢？比较来看，“e 智定投”3 年的收益率为 29.85%，而普通定投的收益率为 22.38%，跑赢普通定投将近 7%。

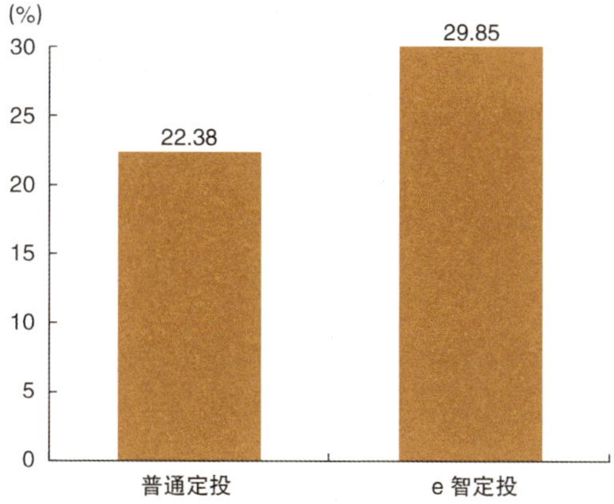

2013～2016 年定投收益比较

资料来源：南方基金官网。

总结来说，老娘舅认为市盈率定投有以下几个比较好的优势：一是根据指数的市盈率可以计算较优的入场时机。二是指数市盈率高了，我们自动减少定投金额；指数市盈率低了，自动增加定投的金额。三是南方基金的“e 智定投”模型，帮助投资者自动计算定投金额，比较便捷。四是“低多买，高少买”，比普通定投更好地摊低投资成本，分散投资的风险。

据老娘舅观察，南方基金的“e 智定投”，目前能够定投的基金仅限于旗下的产品，有偏股型基金、股票型基金或者指数型基金等，能够达到比较好的定投效果。选择指数基金较好，因为可以直接选择标的指数作为定投的参考指数，二者拟合度比较高。“e 智定投”基准定投金额不低于 200 元，每期扣款资金不固定，随市场波动在0到最大单期投资金额之间变化，既考验投资者的资金承受能力，也考验投资者的资金管理能力。

老娘舅查看“e智定投”官网开通的方法，总结出下面几条，供大家参考。

开通步骤如下：

（1）登录南方基金网上直销系统——南方e站通。

（2）选择“定投类”业务的“e智定投”，新增定投计划。

（3）设置“支付方式”，如您的签约账户（或银行卡）不直接支持定投业务，请选择“现金宝”。

（4）选择“定投产品”及其“参照指数”，设置“定投周期”及“扣款日期”，设置“基准定投金额”及“最大投入倍数”。

（5）提交定投计划，您就可以看到“e智定投”计划的开通结果。

如果想要终止定投计划，请参考下面的终止步骤：

（1）登录南方基金网上直销系统——南方e站通。

（2）选择“定投类”业务的“我的定投”，查询所有定投协议。

（3）选择您需要终止的定投协议，点击“终止”提交申请。

（4）查询“历史交易申请”，您就可以看到终止“e智定投”计划的结果。

最后，老娘舅还是要温馨提醒下，市盈率定投法是比较高阶的定投方法，初入定投的投资者，还是建议观察一段时间，了解其中的原理再进行下一步动作。如果你是经验比较丰富、重视资产配置的投资者，且风险承受能力比较强，市盈率定投可以在市场低估时加大投入，在市场高估时减少甚至停止投入，对你的资产配置决策具有参考价值。

第五节

基金定投“黑科技”：趋势定投法

前面讲了均线偏离定投法、市盈率定投法，这篇我们讲另一种基金定投“黑科技”——趋势定投法。

趋势定投法也可以理解为自动保卫定投收益的智能化投资工具，简单来说，根据投资者自己设定的基金产品、标的指数、均线组合等条件，这种定投方法将自动由系统智能判断出后市涨跌趋势。如果判断市场趋势向下，趋势定投将自动把前期投入以及新增投入均转换至低风险基金，锁定收益不缩水；如果判断市场趋势向上，趋势定投又将自动将前期投入以及新增投入均转换至高风险基金，享受市场上涨可能带来的收益。

关于这个定投“黑科技”，老娘舅结合华安基金的“趋势定投法”来说一说，见下图。

关于趋势定投法，有以下几个步骤。

第一步：我们要选择两个基金，一个是“买入基金”，一个是“避险基金”。什么意思呢？“买入基金”就是你的高风险基金产品，“避险基金”就是你的低风险基金产品。

华安基金“趋势定投”示例

资料来源：华安基金。

在“趋势定投”的思路下，定投也能跟随市场趋势的变化，享受市场中期上涨所带来的收益，同时又能规避市场中期下跌所带来的损失。比如市场下跌了，你原本买入的高风险基金里的份额会转入低风险基金里，既能保护之前获得的收益，还能用来规避市场投资的风险。

第二步，选择定投周期。目前华安基金的“趋势定投”支持每周、每两周、每月的期限设置，这个可以根据自己日常资金的情况去选择。

第三步，趋势判断规则。可以选择时点指标法、事件驱动法。

第四步，选择标的指数。目前可选择的标的指数有沪深 300、上证综指、上证 180、深证成指、深证 100 等。还是老娘舅之前说的，投资者根据自己选择的基金风格来选择指数，大盘蓝筹风格的选择沪深 300 这样的指数，如果风格不确定那就选上证综指这样的标的指数。

第五步，均线设置。可以设置长期均线，包括60日、90日、120日、180日、250日长期均线；中期均线，包括30日、60日、90日、120日、180日、250日中期均线；短期均线，5日、10日、20日、30日、60日短期均线。

均线设置示例

那么，短、中、长期三种均线，有什么规则呢？

规则一，当标的指数的短期均线连续向下突破中期均线，且中期均线同样连续向下突破长期均线时，即短期均线＜中期均线＜长期均线，系统判断此时市场为“熊市”状态，并将前期定投的存量资金全部转换为避险基金，比如货币基金。这也是择时点指标法，这种方法比较激进。

规则二，当标的指数的短期均线连续向上突破中期均线，且中期均线同样连续向上突破长期均线时，即短期均线＞中期均线＞长期均线，系统判断此时市场为“牛市”状态，并将前期转到避险基金的资金又转入高风险基金。而如果中期均线下穿长期均线，或者短期均线下穿长期均线，且中期均线在长期均线的下方，系统判断此时的市场为“熊市”状态，就要将前期定投的高风险基金的余额转至低风险基金了。这是事件驱动法，比较偏于稳健。

这两种方法差不多。如果长期定投，可借助这个办法判断市场，在每年做 2 ~3 次调查，观察定投基金状况时可以微调金额。

关于趋势定投法中基金转换的问题，要说明的是，当定投首次扣款时，标的指数的趋势特征没有明确地显示“牛熊市”，即“非牛非熊”状态，定投过程需经历“牛市”状态后，再进入“熊市”状态，才将存量资金进行转换。

另外，关于时点指标法、事件驱动法的设置，华安基金也给出了一点建议，如下图。

参数设置示例

资料来源：华安基金。

买入的基金中，华安中国 A 股增强，选择比例达到 51.93% ,

这个基金应该是选做“高风险基金”里的。在标的指数里选择沪深300的比较多，选择比例达74.5%。均线设置里，20日均线、60日均线、90日均线设置的比较多，选择比例达33.72%；判断规则里，时点指标法选择的比较多，选择比例达到84.1%。

关于这种投资方法，老娘舅最后想提醒下，趋势定投法，总体来说有点复杂，选择基金，不仅要选择一只高风险基金，也要选择一只低风险基金。均线设置，要选择短期、中期、长期三种组合，因为你所有的设置对后期的定投效果是有影响的。如果你是定投“小白”，对市场、基金都不够了解，还是不要轻易尝试了，投资都是有风险的，还是选择自己能力范围内的比较好。

第六节

基金定投“黑科技”：移动平均成本法

基金定投“黑科技”，不只是名字很有噱头，实际上，它们可以判断市场处于低点还是高点，它们可以通过参数设置实现“低点多投，高点少投”，看过前面几种基金定投“黑科技”，大家应该有所了解了。今天，接着讲一个基金定投“黑科技”——移动平均成本法。

简单理解，这种定投方法是通过定投基金的最新净值和已买入该基金的平均成本来判断低点、高点，是一种定期不定额的方法。平均成本就是前期定投已买入的基金份额的单位平均成本，如果最新净值小于单位平均成本，并超过一定幅度，就判断市场处于低点，随之加大购买基金的份额；如果最新净值大于单位平均成本，并超过一定幅度，就判断市场处于高点，随之减少购买基金份额。

定期定额与移动平均成本法这种定期不定额最主要的差别在于，前者每次的扣款金额是固定的，而后者是依赖市场的波动程度，由投资者依据系统功能支持，自行设定不同的扣款金额，在股市高点时以较少的投资金额进行扣款，而在股市低点时以较多的投资金额买入更多的单位数。

简单地说，两者的差异在于扣款金额：前者是固定的投资概念，后者是弹性的调整概念，定期不定额更加强调了逢高少买、逢低多买的弹性投资特色，让投资人于股市低点可以买到更多的单位数，待市场上涨时，可以有更大的获利空间，拉大收益差距。

我们以具体的实例看看移动平均成本法定投。目前汇添富基金有这种定期不定额的投资方法，一起来看看。

汇添富基金的定期不定额计划示例

资料来源：汇添富基金官网。

这里的扣款金额，根据扣款前一交易日（T－1 日）的基金净值和平均成本的差距（偏离度）来确定每期定投金额。

偏离度＝（基金净值－平均成本）/平均成本，可以看作是没有扣除费用的“定投收益率”。

关于定期不定额设置，有三种方式，即进取策略、稳健策略、自定义方式。

在进取策略下，假设每期投资金额为 1000 元，当扣款日基金净值低于单位平均成本 0.5% 时，扣款金额为 2000 元，高于单位平均成本 4% 时，扣款金额为 200 元（最低扣款金额），如下图。

定期不定额之进取策略

资料来源：汇添富基金官网。

在稳健策略下，假设每期投资金额为 1000 元，当扣款日基金净值低于单位平均成本 14.5% 时，扣款金额为 1900 元，高于单位平均成本 0.5% 时，扣款金额为 200 元（最低扣款金额），如下图。

移动平均法和前面讲的智能定投法不同的是，免去了选参考指数、选均线、选级差的麻烦，定投计划设定的参数少，只需要

定期不定额之稳健策略

资料来源：汇添富基金官网。

跟踪你自己的投资成本来设定，是比较简单的智能定投方法。

具体效果如何呢？看看汇添富基金测算出的数据。

用 1991 年 1 月至 2014 年 4 月间定投上证综指的测算数据看，只要坚持 3 年的定投，无论是哪 3 年的时间段，移动平均成本法定期不定额的投资收益率 100% 战胜普通定投的收益率。

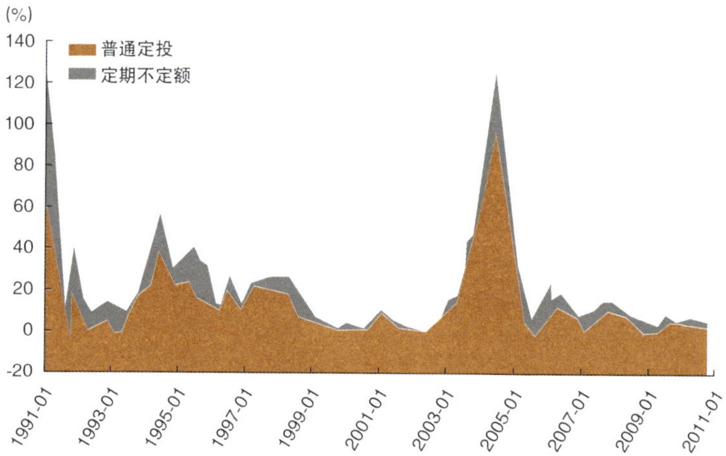

普通定投与定期不定额平均年化收益率比较

资料来源：汇添富基金官网。

再看下图，坚持 3 年期定投、5 年期定投，通过“移动平均成本法”定投汇添富优势精选、汇添富均衡增长、汇添富成长焦点都要优于普通的基金定投。最好的一次，用移动平均成本法定投汇添富均衡增长的收益率为 15.08%，而采用普通定投的方法只有 5.65%。

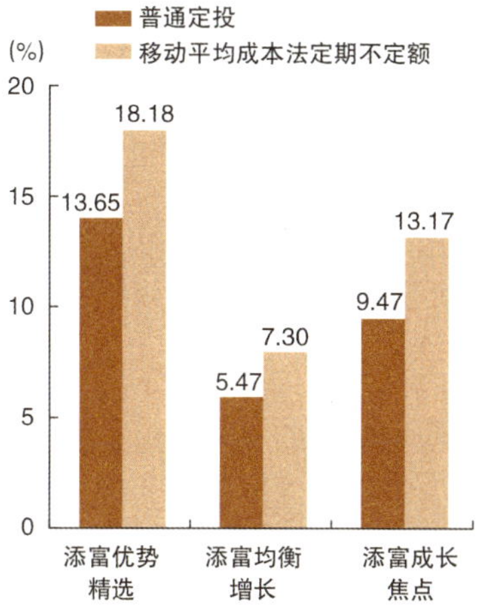

3 年期定投收益比较
（2011 年 1 月～2013 年 12 月）

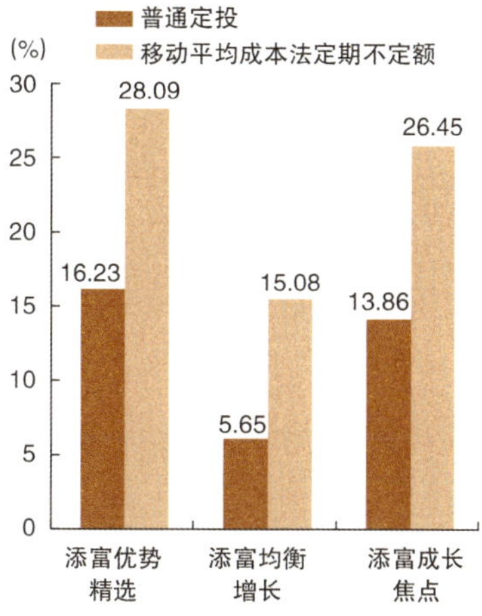

5 年期定投收益比较
（2009 年 1 月～2013 年 12 月）

注：每期定投 1000 元，当扣款日的基金净值低于单位成本 0.5% 时，扣款金额为 2000 元，高于单位成本 4% 时，扣款金额为 200 元。

资料来源：汇添富基金官网。

最后说一说移动平均成本法的优缺点。其优点是，这个定投方式紧盯的是你的成本，当市场在持续下跌时，它会逐步加仓，但加仓幅度会逐步收窄，以免亏损幅度太大；当市场持续上涨时，它会逐步减仓，以免高位被套。对于基民来说，它的好处是根据你的成本来调整买入量，相对较为简单。但它的缺点在于，若在低位盘整期开始定投，由于市场的波动小，它在市场低位时无法加大投入额度，在低位盘整的市场中，收集低价筹码的功能相对较弱，降低成本的方法并不能较好地实现。

这几期基金定投的“黑科技”，希望大家先了解原理后再操作。另外，由于目前只能通过基金公司官网做智能定投，不能跨公司操作，所以首先要选基金，比如你选择跟踪沪深300指数的基金做定投，你可以先搜索有该类产品的几个公司，寻找已开通智能定投的公司开户做交易。

第七节

更省心省力的定投方式（上）

定投是基金投资圈内热议的话题，相关技巧、知识永远不嫌多，为了让大家在定投的路上更加从容淡定，今天老娘舅和大家聊聊开办定投业务究竟有哪些“便宜”的渠道。

一　最全基金第三方网站——天天基金网

目前天天基金网上有三种定投计划，分别是活期宝宝充值计划、指数宝宝定投计划和普通基金产品定投计划。

活期宝宝也就是固定时间、固定金额投资货币基金，如果看过老娘舅前期写的定投选基的方法，那么这些活期宝宝应该就不是我们的“菜”了。

指数宝宝定投计划目前在天天基金网上定投指数基金有63只，老娘舅觉得不管你纠结症再怎么严重，这些也够你选了。

普通基金产品定投计划，涵盖的基金种类多，有混合型基金、普通股票型基金等。

提醒一下，现在在天天基金网上定投，享受的是部分基金有

1 折的优惠，定投起投金额 100 元或 1000 元。

第三方定投网站示例

上面是老娘舅挑出的第三方定投网站。

那么如果是通过基金公司官网定投，又有哪些“捞便宜”的机会呢？

首先要说明下，老娘舅下面提到的都是目前有优惠活动的基金公司，并针对各家优惠活动综合选出的几个代表。

二 持卡用户的福音代表——华夏基金

现在在华夏网上定投交易，根据不同的支付银行卡，有不同的申购费率优惠。

1. 直接用银行卡支付

如果你是用银行卡直接定投，前端申购费最低 0.6%，最高 0.8%。（以下表格都是老娘舅截取的部分基金）

<table>
<tr><th colspan="2">基金名称
（均为前收费模式）</th><th>金额下限
（含）</th><th>金额上限
（含）</th><th>工行、建行、农行、中行、招行、浦发、民生、广发、邮储、平安、招行快捷、上海银行、华夏银行、广州农信社麒麟、东莞农信社信通、汇付天天盈、财付通、支付宝优惠后申购费率</th></tr>
<tr><td colspan="2">华夏回报二号混合</td><td>100 元</td><td>20 万元</td><td>0.80%</td></tr>
<tr><td colspan="2">华夏全球股票（QDII）</td><td>100 元</td><td>20 万元</td><td>0.64%</td></tr>
<tr><td rowspan="4">华夏沪深300ETF联接</td><td>100 万元以下</td><td>100 元</td><td>100 万元以下</td><td>0.60%</td></tr>
<tr><td>100 万元以上（含）~500 万元</td><td>100 万元</td><td>500 万元以下</td><td>0.60%</td></tr>
<tr><td>500 万元以上（含）~1000 万元</td><td>500 万元</td><td>1000 万元以下</td><td>0.60%</td></tr>
<tr><td>1000 万元以上（含）</td><td>1000 万元</td><td>无</td><td>每笔 1000 元</td></tr>
</table>

2. 转换成活期进行定投

现在通过华夏基金网上交易平台、移动客户端等使用活期通（华夏现金增利）去定投旗下的部分基金，可享受 1 折网上交易优惠转换费补差率（招行卡除外）。用这种方式定投，门槛也就 10 元，比较亲民。

转入基金（均为前端收费模式）	转换补差费率
华夏回报二号混合	0.1×［2.0% −0.25% ×（华夏现金增利货币基金已持有的年数整数 + 已持有的不足一年天数/当年天数）］
华夏沪深 300ETF 联接	0.1×［1.2% −0.25% ×（华夏现金增利货币基金已持有的年数整数 + 已持有的不足一年天数/当年天数）］

续表

转入基金（均为前端收费模式）	转换补差费率
华夏聚利债券	0.1×［0.6%－0.25%×（华夏现金增利货币基金已持有的年数整数＋已持有的不足一年天数/当年天数）］
华夏亚债中国指数 A 华夏安康债券 A（50 万元以下） 华夏纯债债券 A（50 万元以下） 华夏双债债券 A（50 万元以下）	0.1×［0.8%－0.25%×（华夏现金增利货币基金已持有的年数整数＋已持有的不足一年天数/当年天数）］

需要提醒的是，如果有朋友在 2017 年 8 月 4 日之前使用华夏活期通定投华夏大中华企业精选、华夏回报混合 A、华夏消费升级混合 A，享有定投费率 0.1 折的优惠。

三 最便宜的定投渠道——南方基金

目前通过南方基金微信平台、App、官网设定超级现金宝（南方现金通 E）定投旗下基金（除去 ETF 基金），前端申购费率享有 0 折优惠（除建行卡支付）。不过这个优惠时间是截至 2017 年的 7 月 31 日。

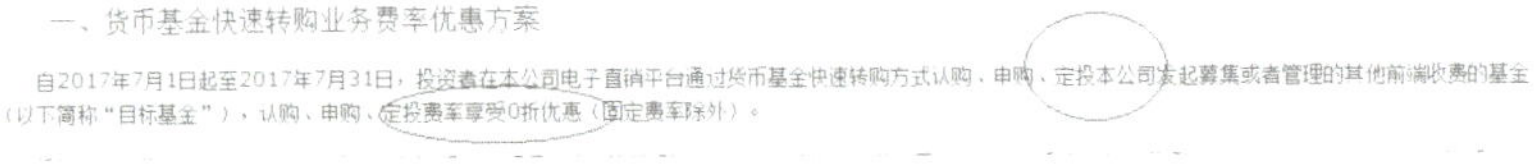
一、货币基金快速转购业务费率优惠方案

自2017年7月1日起至2017年7月31日，投资者在本公司电子直销平台通过货币基金快速转购方式认购，申购、定投本公司发起募集或者管理的其他前端收费的基金（以下简称“目标基金”），认购、申购、定投费率享受0折优惠（固定费率除外）。

最便宜的定投渠道示例

四 最任性的定投渠道——兴全基金

通过兴全基金 App 或者官网，在 2017 年 9 月 8 日之前，设定兴全货币基金定期转入旗下相应的 12 只基金（除去几只货币基金），该定投计划可享受 0.1 折优惠的转换补差费率（招行卡除外），而且后期你想修改基金定投的金额，长期享有享受 0.1 折的优惠。相比其他家后期定投优惠需等最新公告，兴全基金也是挺任性的。

这是老娘舅截取的可以享有定投优惠的 12 只基金。

序号	基金名称	序号	基金名称
1	兴全可转债（340001）	7	兴全合润分级（163406）
2	兴全趋势（163402）	8	兴全沪深（163407）
3	兴全全球视野（340006）	9	兴全绿色投资（143409）
4	兴全社会责任（340007）	10	兴全保本（163411）
5	兴全有机增长（340008）	11	兴全轻资产（163412）
6	兴全磐稳增利（340009）	12	兴全商业模式（163415）

五 小总结

首先，如果想简单点的，不需要烦琐的步骤，不想在手机上安装多家基金公司的 App 或者通过电脑网页进行定投，老娘舅建议你直接在手机上下载天天基金网，一个 App 可实现跨基金品种定投。

其次，基金公司定投费率比代销平台清晰，活动期间定投费率更有折上优惠，而且像上面列出的几家基金公司，一般通过旗下的货币基金定投相应的基金，优惠力度比较大。

不过，老娘舅也要提醒下，根据《证券期货投资者适当性管理办法》规定，不管你选择哪一个渠道定投，投资前，需要填写风险承受能力评估问卷，所以进行定投也要选择对口的基金。部分基金公司的优惠内容请根据相关基金公司实时公告为准。

第八节

更省心省力的定投方式（下）

上期提到关于定投的渠道，其实市面上还有很多。老娘舅又研究了几个“最定投”，帮大家看看有没有更省心省力的定投方式。

一　蚂蚁聚宝慧定投

老娘舅在前面提到过，定投的一个功能是“低位多买，高位少买”，但是这个高低点如何判断？推荐蚂蚁聚宝的慧定投（定期不定额），见下图。

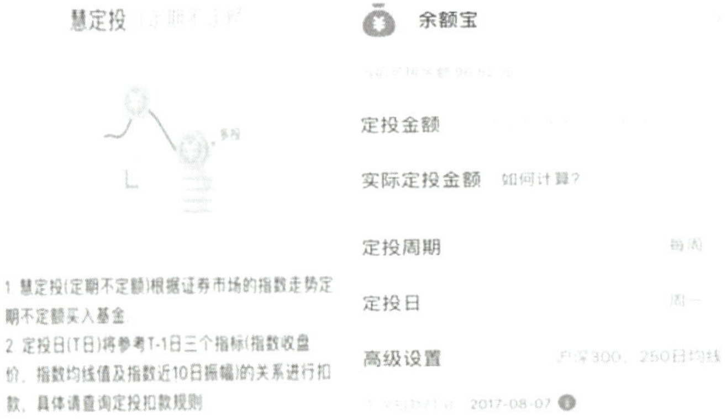

这种方式的核心是以相关指数作为参考标准，以均线（市场的平均价格）来判断价格高低。

目前参考的相关指数是指与你定投基金风格相符的基准指数。比如大盘价值型的基金，你可以选择沪深300；小盘成长风格的基金，可以选择创业板指数。

慧定投比较智能的地方就在于，在定投扣款前，比较基准指数和均线（180日、250日、500日），如果指数在均线之上减少投资量，反之增加投资量。只要你设置好这两个指标，慧定投就能自动帮你扣款；如果设置恰当，定期不定额的收益比普通定投收益要高。

根据蚂蚁聚宝的建议：180日均线，适合1年期以下的投资者（短期）；250日均线，适合3~5年的投资者（中期）；500日均线，适合5年以上的投资者（长期）。

老娘舅选取一只偏股混合型基金，用蚂蚁聚宝上推荐的数据回测功能，供大家参考。

这里老娘舅要提醒大家，同一只基金用慧定投的起投金额是普通定投的 2 倍，另外定投的时间只能选择每周、双周或者每月。

二　最能“hold 住”收益的定投渠道——富国基金

说完慧定投智能扣款，老娘舅介绍最能“智能收钱”的。目前富国基金直销平台（官网、微信、富钱包 App）可以通过富钱包（富国富钱包货币基金）设定目标止盈定投计划，其中包括约定扣款周期、扣款日期、扣款金额、目标收益、投资基金的名称等。

比较特色的就是它的止盈自动赎回功能了，朋友如果通过这份定投计划获得的份额在某一交易日达到目标收益率后，系统将会在下一个交易日自动发起赎回，随时帮你“hold 住”收益，自动赎回后，定投计划自动进入下一期。目前根据富国基金公布的信息，止盈定投目标基金的费率享有 0.1 折优惠。为了让朋友们有个比较清晰的认识，老娘舅在官网上做了测算，供大家参考。

在 2014 年 11 月 19 日，我定投的这只基金就达到 15% 的目标收益，自动赎回，及时帮我锁定定投收益，接着进行下一期定投计划。

三 最“人性”的定投渠道——京东金融

现在京东金融上设置了针对不同人群投资需求的定投版块，比如有“买房购车”“子女教育”“养老储蓄”等需求的人群，每个版块中优选出相应的定投基金组合（一般是 2 个）供大家选择。比如，针对储备子女教育金的，这类人群的需求是追求较高收益的同时实现资产稳健增值，推荐的基金是偏股混合型基金。但老娘舅咨询了京东金融的客服，网页中推荐的基金是定期换的，所以建议你基金定投时要选择适合自己的。

以上是老娘舅找出的几个比较典型的定投渠道，前两个是偏智能定投的方法，适合有一定定投知识基础，且了解其中方法操作的人群；如果是初入定投的人群，还是要做好功课后再入手；最后一个京东金融的定投，是针对特定人群的定投方法，比较有指向性。大家可以根据自己的需求、家庭情况，定制最恰当的定投计划。

第九节

看了那么多定投微笑曲线，是不是无惧市场涨跌了

市场行情总是波动的，震荡市、牛市或者熊市，对于很多普通投资者来说，股市一跌，畅谈“大悲咒”的有之，市场一涨，抓紧进场的人亦有之。追涨杀跌是很多投资者的本性。

换句话来说，每次下跌的过程中，通过定投我们可以把握多少机会呢？需要先了解下“微笑曲线”。

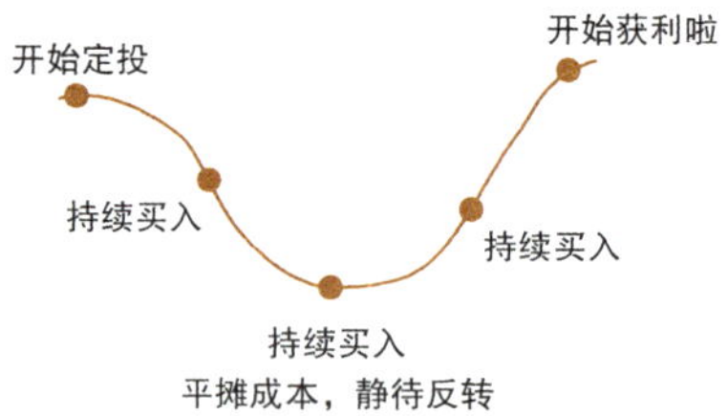

“微笑曲线”图

那么，什么是定投的“微笑曲线”？它是指基金在下跌的过程中，坚持定投，积累份额，最终会在反转上升的过程中获得更多收益。

接下来从数据上，看看过去几年上证综指的走势。

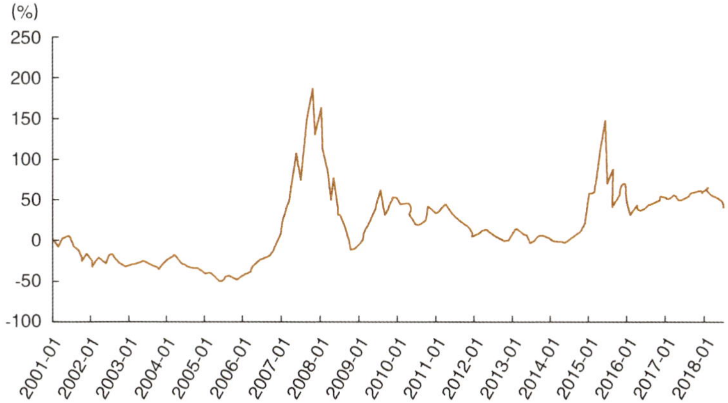

2001～2018 年上证综指的走势图

资料来源：Wind。

可见，过去十几年的市场行情中，上证综指走过几次“微笑曲线”。拆开来看，上证综指走过哪些漂亮的“微笑曲线”呢？

假如每月定投一次，每次定投金额 1000 元，分红再投资，就可以看到以下几个区间。

1. 2001 年 6 月 27 日（2237 点）～2004 年 4 月 1 日（1758 点）

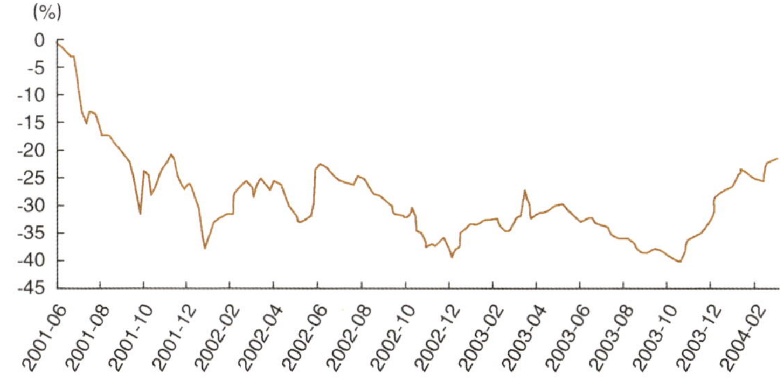

2001～2004 年上证综指的走势图

资料来源：Wind。

定投时间	定投收益率（%）	一次性投资收益率（%）
2001.6.27 ~ 2004.4.1	11.52	-21.29

在这期间，大盘的走势颇为曲折，“一把梭”的方式，投资上证综指亏损21.29%，但是采用定投的方式，虽然也和上证综指波动起伏的走势一样，前期有亏损，但只要你忍住寂寞、忍住波动，定投最终可以获得11.52%的收益率。

2. 2004年4月1日（1758点）~2007年10月16日（6124点）

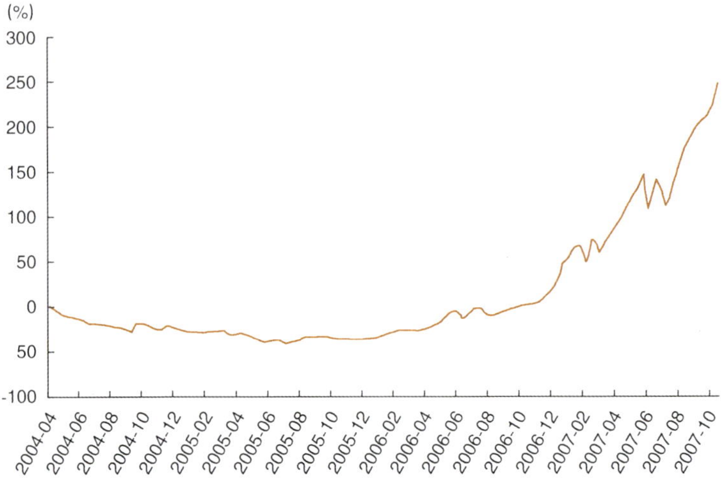

2004 ~ 2007年上证综指的走势图

资料来源：Wind。

定投时间	定投收益率（%）	一次性投资收益率（%）
2004.4.1 ~ 2007.10.16	286.66	249.79

2004年4月1日至2007年10月16日间，大盘走势向阳，一次性投资指数的收益率为249.79%，而定投的收益率为286.66%。

3. 2007 年 10 月 16 日（6124 点）~2009 年 8 月 4 日（3478 点）

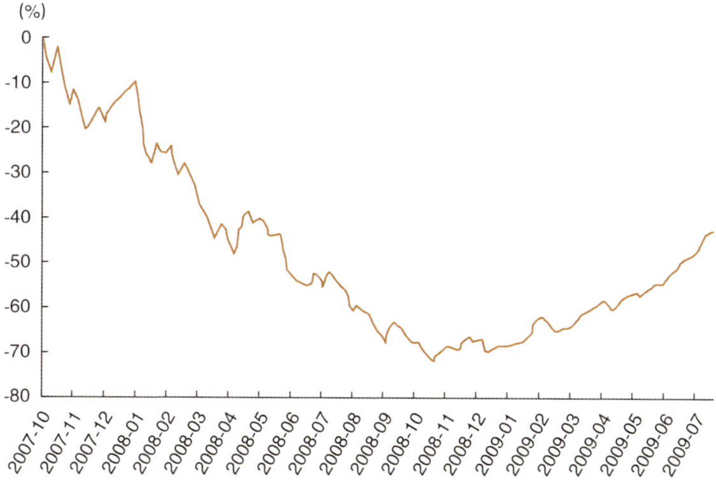

2007 ~ 2009 年上证综指的走势图

资料来源：Wind。

定投时间	定投收益率（%）	一次性投资收益率（%）
2007. 10. 16 ~ 2009. 8. 4	23. 42	-42. 43

经历了 2007 年的牛市，漫长的震荡期又来了，2007 年 10 月到 2007 年底市场经历断崖式的下跌，定投的收益并不好，但是只要坚持定投，2009 年 7 月 16 日，定投收益率回正，收获 13. 19% 的收益率，再坚持定投，坚持到 2009 年 8 月 4 日，定投总收益率为 23. 42%。

4. 2009 年 8 月 4 日（3478 点）~2015 年 6 月 12 日（5178 点）

2008 年 8 月 4 日之后，市场震荡频繁，2008 ~ 2014 年间市场都是波动的，定投的收益率也不是很理想，但是只要坚持，2015 年牛市期间，你前期在低迷市场中积累的较多筹码开始慢慢发力，截至2015年6月12日，近7年时间定投已经获得105.87%的收益率。

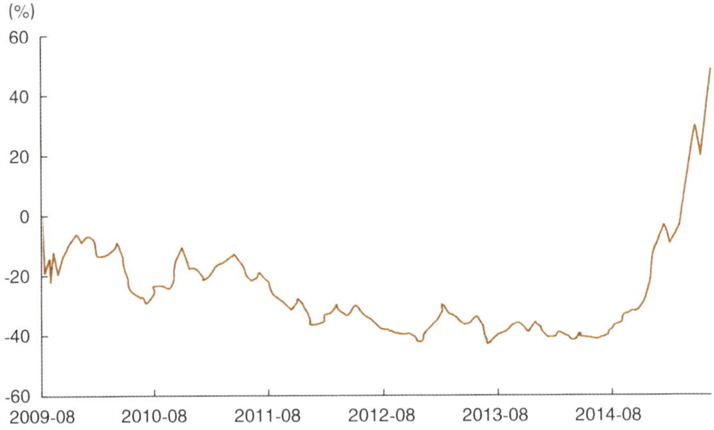

2009～2015年上证综指的走势图

资料来源：Wind。

定投时间	定投收益率（%）	一次性投资收益率（%）
2009.8.4～2015.6.12	105.87	49.2

5. 2015年6月12日（5143点）～2018年1月29日（3523点）

2015年牛市后，市场进入震荡调整期，如果坚持定投到2018年初，定投已经获得8.98%的收益，而一次性投资却下跌了31.21%，对比下来，真有点"惨不忍睹"。

通过上面五组例子，你体会到定投"微笑曲线"的奥妙之处了吗？没有只涨不跌的市场，如果市场走出一波先下跌后回升的行情，就构成了我们所说的"微笑曲线"。在这个过程中，投资者如果一直坚持基金定投，那么在市场低迷时将可以较低的成本获取筹码，摊薄成本，当市场回升时，投资者将获得盈利。

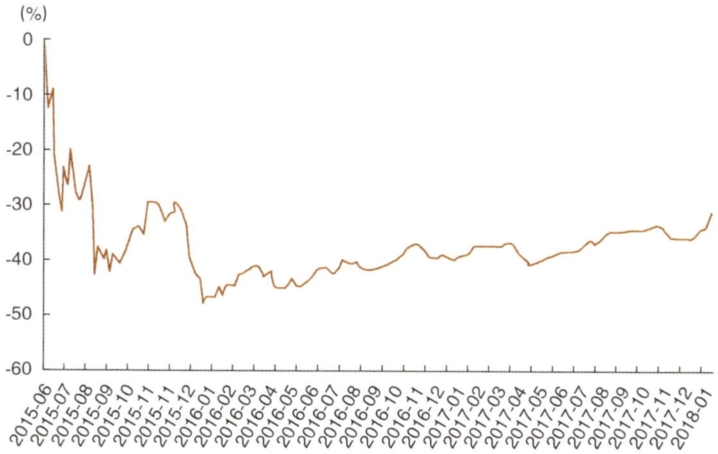

2015～2018 年上证综指的走势图

资料来源：Wind。

定投时间	定投收益率（%）	一次性投资收益率（%）
2015. 6. 12～2018. 1. 29	8. 98	－31. 21

值得注意的是，市场下跌时，定投要走点亏损的弯路，才能摊平成本迎来收益。整个先跌后回升的过程，划出一道“微笑曲线”。

上面五组图，也能直观看出 A 股牛熊市交替，且牛市短熊市长，在这样的市场环境下，考验人性，而选择定投，只要多点耐心，静待花开，定投的收益是不会让你失望的。

第十节

上证综指十周年祭，你的定投还好吗

2007 年 10 月 16 日，是 A 股的纪念日：10 年前，上证综指达到最高点 6124 点，随即下跌；10 年后，上证综指跌幅为 43.97%。

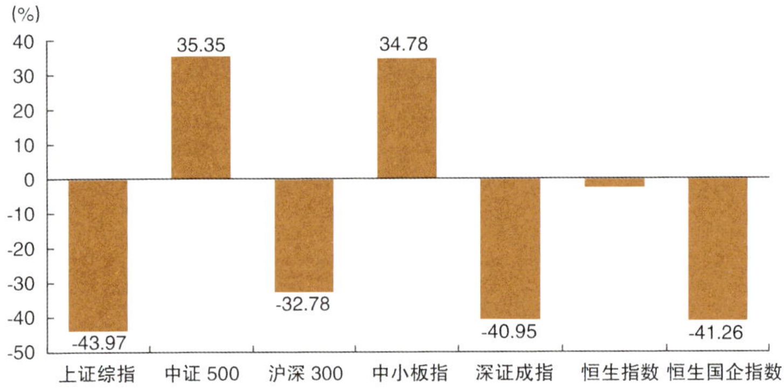

2007 年 10 月 16 日 ~ 2017 年 10 月 16 日的上证综指

资料来源：Wind。

而且在过去 10 年，上证综指在各主流指数中可谓是跌得最惨的，无数股民、基民是不是想抱在一起哭了？

那么，如果选择定投，定投金额为 1000 元/月，每月定投一次，红利再投资，将是什么后果呢？

定投 10 年的效果

一次性投资收益率	-43.97%
10 年定投收益率	25.44%

资料来源：u8 定投计算器。

可见，定投收益的走势基本和指数的走势相同，但是定投 10 年的收益率却是大相径庭的！选择定投，是大幅跑赢一次性投资收益率的！

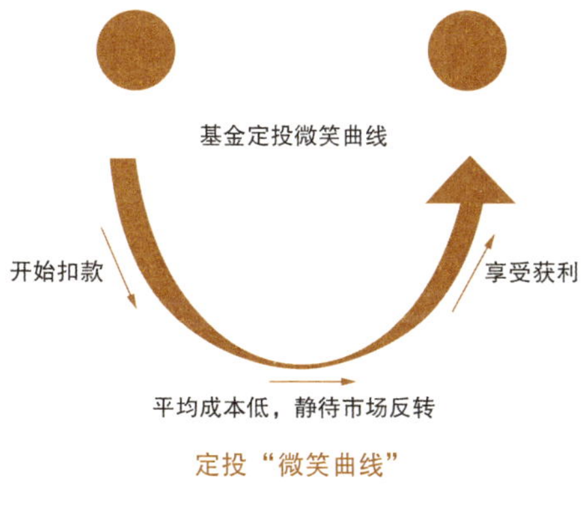

定投“微笑曲线”

在前面内容中，老娘舅提到过定投的优势，即在上证综指一路下跌的过程中，按照计划坚持每月定投，逐渐降低了投资成本。当市场迎来一个不错的反弹机会，前期积累的筹码顺利获得了抄底赚钱的机会，这就是送君一曲线——定投微笑曲线。

事实上，市场从2007年10月的6124高点至今，还没有画完一个完整的微笑曲线。但是从过去10年上证综指的走势看，有几个小的微笑曲线，我们再看看定投收益率如何。

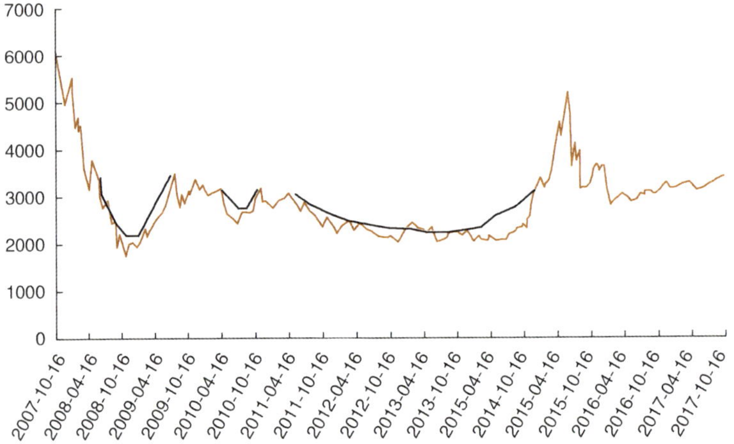

上证综指10年走势

微笑定投时间	定投收益率（%）	一次性投资收益率（%）
2008年5月至2009年7月	41.19	-2.9
2010年3月至2010年10月	8.93	-2.4
2011年3月至2014年12月	26.92	-0.12

走完一个“微笑曲线”，定投的收益率大概率是跑赢一次性投资的，甚至在2008年5月至2009年7月间定投的收益率还要高于2007年10月16日至2017年10月16日的定投收益率。谈

及原因，就要说到定投止盈的概念了，老娘舅不再赘述了，可以翻看本书中关于定投止盈的内容，相信你会有所感悟的。

不过老娘舅要提醒的是，想赚够定投的“微笑曲线”，就会经历下跌的情况，看到收益一直是跌跌跌的状态，一定是非常难受的。

具体来说，上证综指曾在 2008 年 5 月 4 日至 2008 年 10 月 8 日间，下跌幅度超过 40%，这就是“微笑曲线”的左侧，在曲线左侧内如果定投相关经历下跌行情的基金，投资者可能会面临赚得很少甚至亏损的情况，但是只要坚持（截至 2009 年 7 月）一个完整的“微笑曲线”周期，就能收获时间的玫瑰。市场下跌时，不妨将其设想为逢低加码的时间点，待到市场上涨，享受定投获利。

如果难以承受定投的亏损，就得思考自己选的定投基金是不是在自己的风险承受能力范围内，是不是当初的风险测评是“随心填”的？

第十一节

提起定投，有多少人被击中“小心脏”了

回顾这几年的市场，大伙是不是有种市场跌跌宕宕，我心疲惫不堪的感觉呢？定投是近几年呼声高涨的投资“品牌”，定投是靠什么击中了你的“小心脏”呢？

下面先说说定投的几个特点。

分批投入：定投中投入的资金不是在期初一次性投入，而是在连续的时间范围内，每隔一段时间固定投入。

定期投入：每次投资的间隔是固定的，事前设定的投资间隔可长可短，根据投资者自己的投资偏好，合理安排投资资金，如每周、每双周、每月等。每次投入的金额一般是固定的。

定额投入：每次投入的金额是固定的，由于投资基金的价格会发生变化，因此每期投资所获得的基金份额是变化的。

那么，我们为什么要选择它？

一 定投降低了择时的纠结感

基金除了分红外，主要依靠基金净值的增长获利，因此申购

和赎回基金时的基金单位净值决定了投资者能否获利以及获利的大小。如果申购时机不太好，基金运作处于市场较高的点位，且基金单位净值较高，基金净值增长乏力，投资者往往难以获利。

但是，定投是不断分期购买的，这降低了每次申购基金的重要性，投资的成本也从单一时点变为长期平均成本，降低了基金申购时的择时风险。也就是我们常常听到的定投优势之一——降低择时。在定投的实践中，当基金单位净值下跌时，虽然已投资部分的市场价值下跌了，但由于新增投资的成本也下降了，因此总投资成本也不断下降。而当市场回升，基金单位净值提升，只要超过平均成本就是获利的状态。

通俗地理解，定投投的是固定金额，基金单位净值较高时，购买的份数减少，基金单位净值较低时，购买的份数增多，所谓的“高时多买，低时少买”。

日期	单位净值（元）	当期投资分额（份）	持有份额（份）	累计投入资金（元）	平均成本（元）	累计收益（元）	累计收益率（%）
1	1.000	1000.00	1000.00	1000	1.000	0.00	0.00
2	0.960	1041.67	2041.67	2000	0.980	-40.00	-2.00
3	0.930	1075.27	3116.94	3000	0.962	-101.25	-3.37
4	0.850	1176.47	4293.41	4000	0.932	-350.60	-8.77
5	0.700	1428.57	5721.98	5000	0.874	-994.62	-19.89
6	0.820	1219.51	6941.49	6000	0.864	-307.98	-5.13
7	0.850	1176.47	8117.96	7000	0.862	-99.73	-1.42
8	0.910	1098.90	9216.86	8000	0.868	387.34	4.84
9	0.950	1052.63	10269.49	9000	0.876	756.02	8.40
10	1.000	1000.00	11269.49	10000	0.887	1269.49	12.69

资料来源：华泰证券。

我们来看表格中的数据，该基金从净值1.000元至0.850元，定投累计收益率都是亏损的，但是只要你每次固定投入金额，坚持定投，到基金净值达到0.910元时，累计收益率为4.84%，当净值升至1.000元时，定投的累计收益率高达12.69%。而平均成本看，随着定投期数的增加，平均成本是不断减少的。

二 震荡市适合定投

在前面的章节，我们提到定投在不同市场环境下的表象情况。而在当前的市场，已经进入底部震荡区间，无论市场未来是进一步的震荡，还是有可能进一步的下跌，对于基金定投都是有利的市场条件。当然，后期如果定投达到了自己的盈利点，要学会“见好就收”，止盈落袋为安。

虽然每个基金投资者的愿望都是“高抛低吸”，但在市场高估、真正危险的时候，基金投资市场永远都是火热的。而在市场低估、投资价值显现的时候，基金投资市场永远都是冰冷的。基金投资者实际表现出来的总是“追涨杀跌”，这与美好的初衷总是背道而驰。没有只涨不跌的市场，也没有只跌不涨的市场，但从长期来看，市场向上的概率更大。这就是定投能够成功的内在基础，即在于通过分批次日常的方式，分摊投资成本，降低投资风险，获取市场长期上涨的收益。因此，当前市场低迷的时候是定投的好时机，只有在市场低位投入较多的资金，才能在未来的上涨中分享收益。

体验过过山车的人都知道，从开始最放松的时候，慢慢到达最高点是过程中最紧张的时候，下降到最低点结束是心情最复杂的时候。基金定投也是这样，由于“微笑理论”的出现，在基金的投资过程中也会遇到平缓到拉升到结束，而坚持定投的理由也是那句经典名言：“要在市场中准确地踩点入市，比在空中接住一把飞刀更难。”

第十二节

基金定投，简单即是美

新西兰的投资大师马丁·霍斯在《经济学家给孩子的信》一书中写到，投资的含义是“今天牺牲一些东西，为的是将来能够收获更多”。老娘舅认为这句话的本意是，今天的投资行为，会对未来产生一定的影响。而放到定投上，每月固定投资到某只基金上，相当于储蓄，只要投资时间足够长，就一定可以获利。这也是很多投资者选择定投的理由。定投可以获利，从而为明天创造更美好的生活。

简单就是美，这用来形容定投最贴切不过了。基金投资相对股票投资简单，而基金定投比一次性投资基金更为简单，不仅放弃了主动选择股票的麻烦，还放弃了市场时机的选择。

那么，定投的收益就是否不如一次性的投资呢？前面的内容中，老娘舅都是拿国内市场来举例说明基金定投和一次性投资，下面我们放眼全球市场，看看在最近的10年中，基金定投是不是优于一次性投资呢？

以下是华泰证券给出的估算数据，选择了中国上证综合指数、澳大利亚普通股指数、法国巴黎 CAC40 指数、伦敦金融时报 100 指数、德国法兰克福 DAX 指数、中国香港恒生指数、印尼雅加达综合指数、韩国综合指数、东京日经 225 指数、菲律宾马尼拉综合指数、俄罗斯 RTS 指数、印度孟买 Sensex 指数、标准普尔 500 指数、瑞士苏黎士市场指数、新加坡海峡指数和中国台湾加权指数，共 16 个国家和地区的指数，分别代表该国家和地区的股市表现，并假设指数收益为该国基金的平均收益。时间选取的是 1998 年 5 月至 2008 年 6 月，按月定投，每月初投资 1 单位本地货币。

10 年定投和一次性投资的收益差异如下。

序号	国家和地区	定 投	一次性投资	定投与一次性投资差额
1	中国	217.83	217.81	0.01%
2	美国	635.18	118.78	434.77%
3	中国台湾	150.53	93.54	60.92%
4	英国	129.32	95.46	35.47%
5	新加坡	192.14	199.25	-3.57%
6	俄罗斯	1096.96	742.32	47.77%
7	中国香港	207.78	217.79	-4.34%
8	韩国	269.16	407.90	-34.01%
9	澳大利亚	183.75	197.05	-6.75%
10	印度	350.04	353.81	-1.07%
11	日本	130.48	88.93	46.72%
12	法国	125.23	115.82	8.12%
13	德国	161.60	128.60	25.66%
14	印尼	458.87	516.47	-11.15%
15	瑞士	129.43	95.40	35.67%
16	菲律宾	178.14	113.89	56.41%

如果定投与一次性投资收益正负相差 10% 表明有显著差异的话，则定投优于一次性投资的有 8 个市场，不如一次性投资的有 2 个市场，没有显著差别的为 6 个市场。因此，可以认为，将近 85% 的市场表明，定投收益高于等于一次性投资。通过不同市场进行对比发现，基金定投优于一次性投资。

有细心的朋友注意到，美国这样的成熟市场，定投高于一次性投资的收益高达 435%。从结果来看，成熟市场更适合定投，比如美国、英国、法国、德国、瑞士，基金定投都是优于一次性投资的。亚洲的市场波动性更大，定投和一次性投资的区别不是很明显。综合考虑定投现金流量安排的便利，定投还是优于一次性投资的。而且对绝大多数工薪家庭而言，定投也更符合现金的安排。因此，无论从收益的角度，还是实际的角度，定投都是一个不错的投资选择。

再换个思路，投资的必要性和择时的负效应告诉我们，定投或许是绝大多数投资者的最优选择：通过定投，投资者不仅可以分享经济长期增长和市场向上的平均收益，还可以摆脱对择时的困扰。此外，由于大多数投资者的收入具有持续性，可用于投资的闲散资金是连续产生的，且小额资金的投资影响较小，比如每月固定工资，除去固定开销后省下来的钱。因此，投资者选择每积累一段时间之后再进行投资，既可以养成长期投资的良好习惯，同时也能够充分分享到长期投资带来的收益。最后，将基金定投的理论性和实际性完美地结合。

需要提醒的，也是老娘舅一直反复强调的问题，时间是投资的朋友，也是基金定投的朋友，即使投资者在某个高估期抑制住自己的投资冲动，但只要市场没有处于经济崩溃、投资者情绪极端高涨等极端背景下，长期定投仍然能够获得正回报。若因规避短期的风险而降低投资额度乃至停止投资，可能将失去长期获益机会。有耐心、足够理智，适用任何投资，包括基金定投。

另外，市场震荡也适合定投，比如这两年的市场环境，就如投资大师彼得林奇认为暴跌是赚大钱的最好机会。最后将他的一段名言送给各位："股价大跌而被严重低估，才是一个真正的选股者的最佳投资机会。股市大跌时人们纷纷低价抛出，就算我们的投资组合市值可能会损失 30%，这也没什么大不了的。我们不要把这种股市大跌看作一场灾难，而要把股市大跌看作是一个趁机低价买入股票的机会。巨大的财富往往就是在这种股市大跌中才有机会赚到的。"